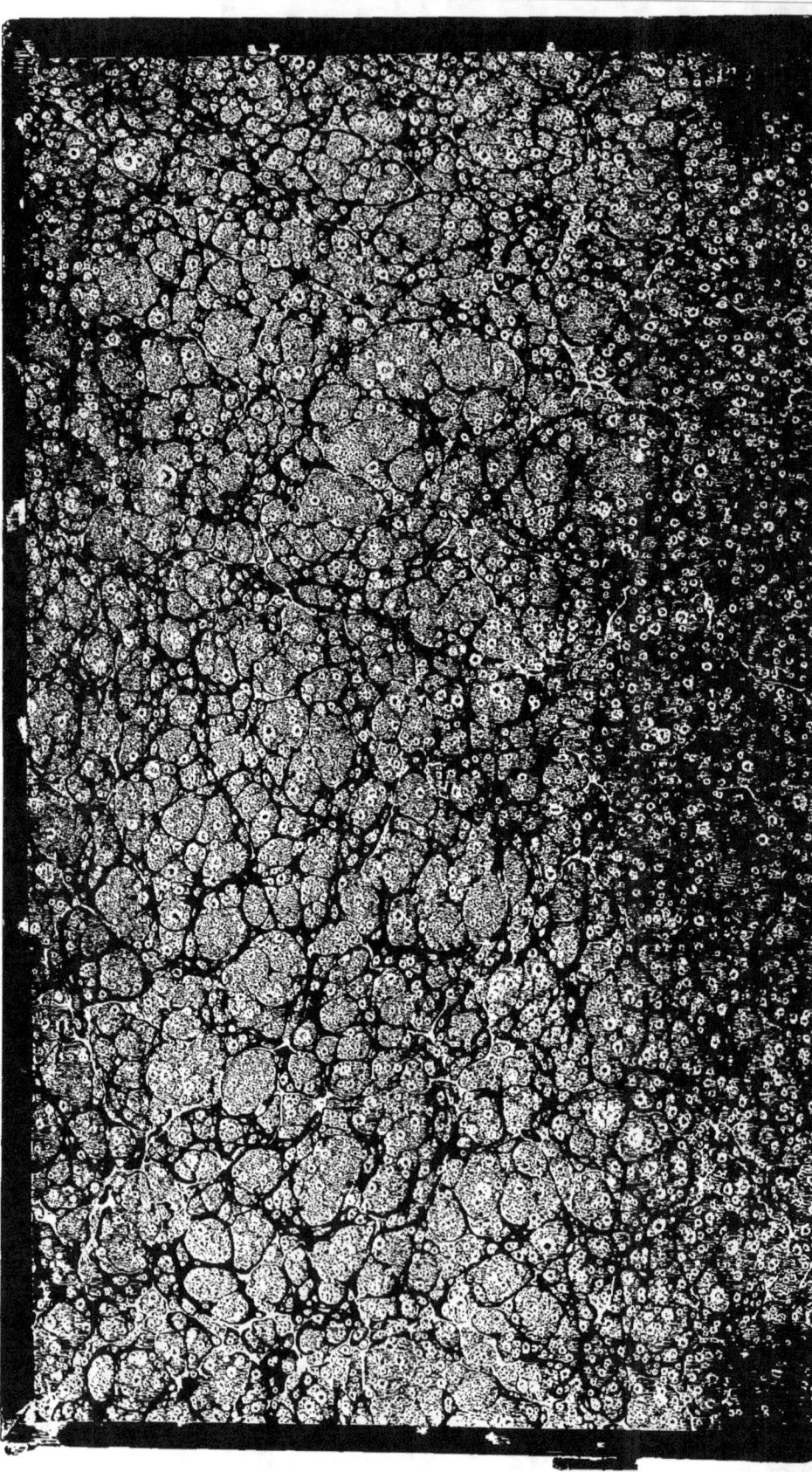

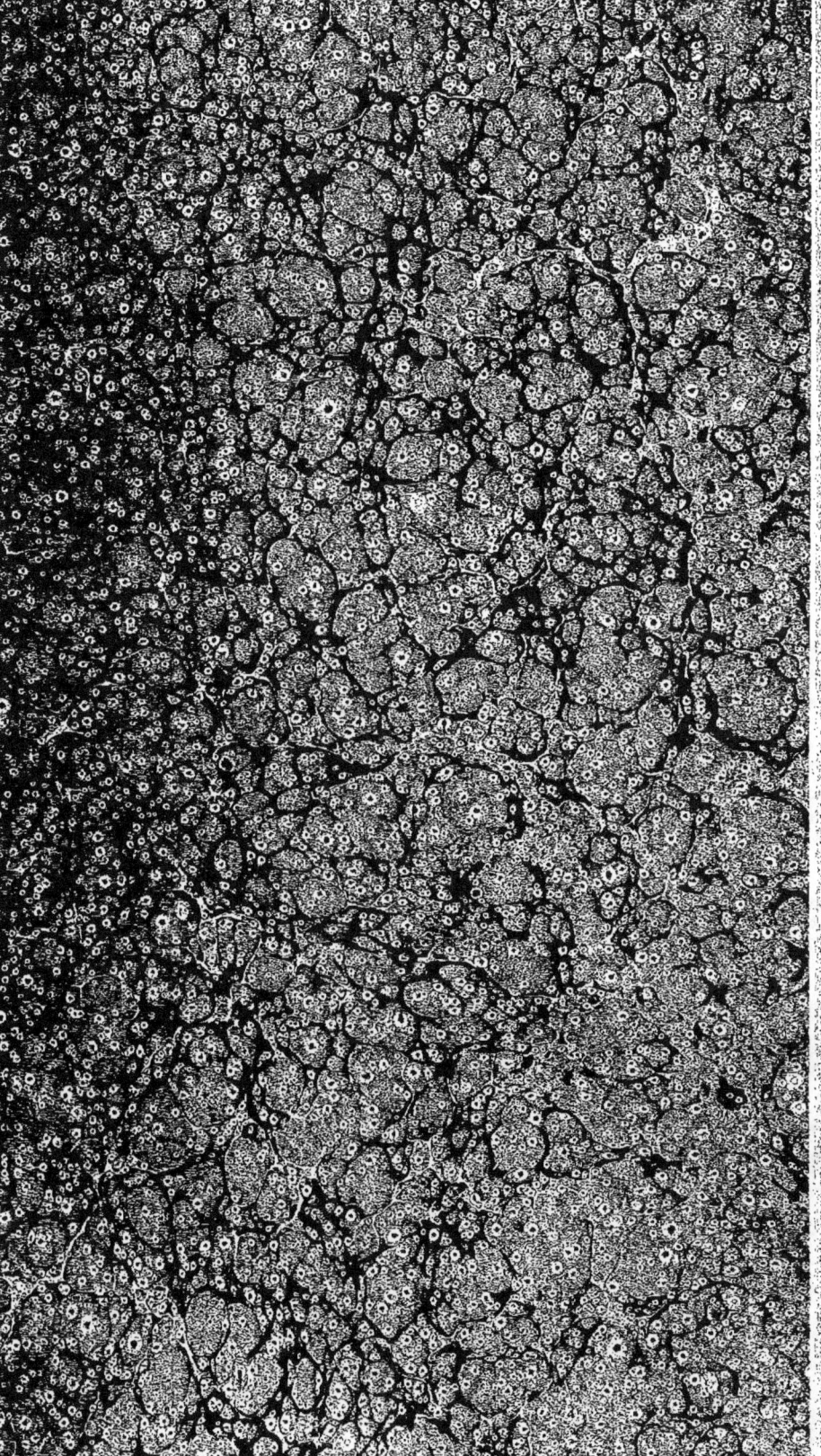

# L'ART
## DU DESSIN
### CHEZ LES GRECS.

*Tous les exemplaires de la présente édition, mise sous la sauve-garde des lois, sont revêtus de la signature de l'auteur.*

IMPRIMERIE DE FAIN, RUE DE RACINE, N°. 4, PLACE DE L'ODÉON.

# L'ART
# DU DESSIN
### CHEZ LES GRECS,
#### OU
# MÉTHODE ÉLÉMENTAIRE
## DU DESSIN,

Considéré dans ses rapports d'utilité générale pour les sciences et pour les arts,

Suivi des moyens d'appliquer à l'éducation des modernes la méthode par laquelle les Grecs sont arrivés à la perfection dans les beaux-arts, dont la base est le dessin ;

### DÉDIÉ AU ROI :

Par le Chevalier DE BRUNEL DE VARENNES.

---

Studia enim optimè felicitatem extollunt,
et facillimè calamitates minuunt.
Sénèque.

---

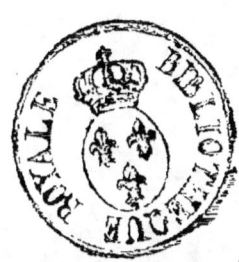

## A PARIS,

Chez L. COLAS, fils, Libraire, rue du Petit-Bourbon Saint-Sulpice, en face de la rue Garencière.

1816.

# AU ROI.

SIRE,

Après une trop longue absence, Votre Majesté, pour la première fois, rendue aux vœux de la France éplorée, s'occupait, avec la sollicitude d'un bon père, du bonheur de tous ses enfans; déjà, goûtant les prémices d'une paix qui était votre ouvrage, ils voyaient avec un plaisir ineffable l'aurore brillante de ce bonheur, quand Dieu a permis, sans doute pour mieux leur en faire sentir le prix, que de nouvelles catastrophes vinssent en retarder la jouissance.

Enfin le ciel est désarmé. En venant, pour la seconde fois, nous rapporter la paix, vous avez, Sire, pour la seconde fois, détourné par votre sagesse les malheurs effroyables qui menaçaient la patrie. Dès ce moment, reprenant avec courage la tâche que Dieu vous a imposée comme monarque, vous vous êtes occupé de rétablir les bases du corps social, ébranlées par les secousses aussi nombreuses que terribles qu'il a éprouvées.

Sans doute, Sire, cette tâche est difficile; long-temps encore, on ressentira les effets de cette commotion : mais la grande âme de Votre Majesté saura surmonter tous les obstacles; son cœur paternel saura rallier tous les cœurs, comme son esprit éclairé ralliera tous les esprits. Enfin sa haute sagesse, en combinant le passé, le présent et l'avenir, rétablira sur des bases inébranlables le bonheur et la gloire de la France.

Tels sont, tels ont toujours été, Sire, les sentimens et les vœux d'un sujet fidèle. Si, depuis le retour de Votre Majesté, il n'a pu lui offrir un corps devenu invalide par suite des services qu'il a eu le bonheur de rendre au trône légitime, dans le cours d'une vie entièrement consacrée aux Bourbons, son cœur a conservé tout son amour, et son âme toute son énergie, chaque fois qu'il a cru pouvoir se rendre utile à son Roi et à sa patrie.

Inspiré par un aussi puissant motif, et quoique affaibli par un accident affreux, suite de son attachement pour les princes de votre auguste maison, il a tracé, Sire, cet opuscule, dont le but est de tirer le meilleur parti possible du mouvement dangereux, mais inévitable, imprimé à tous les esprits par la révolution, en le dirigeant vers les sciences et les arts de la paix; d'inspirer par là aux sujets de Votre Majesté la passion d'une gloire plus douce et plus durable que celle qui les a trop long-temps éblouis, et dont ils ont été les victimes; et enfin de concourir au rétablissement de l'harmonie sociale, au moyen d'une éducation fondée sur la science et l'expérience, et basée, non sur ce philosophisme qui a causé tous nos maux, mais sur cette vraie philosophie qui seule peut les réparer, sur cette philosophie qui prend sa source dans la morale et dans la religion.

Appuyé sur d'aussi bonnes intentions, confiant dans ce goût éclairé des beaux-arts qui est héréditaire dans les Rois de Votre Auguste Dynastie, plaçant surtout son espoir dans la bienveillante indulgence de Votre Majesté, il ose se permettre de déposer à vos pieds cet opuscule. Il serait trop heureux, SIRE, si, daignant accueillir ce faible hommage de son zèle, VOTRE MAJESTÉ daignait aussi agréer celui de son profond respect.

SIRE,

DE VOTRE MAJESTÉ,

Le très-humble, très-obéissant
et très-fidèle sujet,

Le Chevalier DE BRUNEL DE VARENNES.

# PRÉFACE.

Avant d'écrire cet ouvrage, j'ai dû prévoir les difficultés que j'aurais à éprouver, non-seulement pour le composer, mais encore pour le faire agréer au public. Je sais qu'il n'est pas indulgent, surtout quand on se présente à lui avec le titre de novateur, sans être appuyé par un nom capable de faire autorité.

Je ne me suis donc pas dissimulé les difficultés de mon entreprise, ni les obstacles sans nombre que je dois rencontrer dans la nouvelle route dont je vais indiquer le plan général : je prévois que de vieilles habitudes, l'intérêt personnel, etc. etc., s'opposeront d'abord au succès d'un projet qui n'a pour but que la perfection des arts, et par conséquent le bien général de la société.

A cette dernière considération, seule assez puissante pour ranimer mon courage, s'en joignent d'autres qui font à celles qui précèdent un contre-poids qui, j'espère, sera assez fort pour faire pencher la balance en ma faveur.

Il est un grand nombre de personnes qui, sans avoir

sur les arts des connaissances positives, sont cependant douées, soit par la nature, soit par l'éducation, de cette justesse d'esprit qui souvent supplée à la science, et est toujours préférable à des connaissances irrégulières et imparfaites.

Elles attendront, pour me juger, les résultats de l'expérience; ou, si elles veulent savoir dès à présent à quoi s'en tenir sur ma nouvelle méthode, elles consulteront les vrais savans, les vrais artistes.

Cela leur sera bien facile. Jamais la France n'a possédé autant d'hommes habiles que dans le siècle où nous vivons; ils font la gloire de ma patrie, et cette gloire n'est point contestée; elle lui restera tout entière, parce qu'elle honore l'humanité, et ne lui a jamais fait verser de larmes.

C'est sur ces habiles artistes que je fonde toutes mes espérances. Je ne crains pas de leur part la rivalité; ils sont trop au-dessus de moi pour s'abaisser à ce sentiment. Ils apercevront à l'instant quel est le but de ma méthode; ils verront que, loin d'être destinée à former des peintres, des sculpteurs et des architectes, elle ne tend, en général, qu'à répandre le goût des beaux-arts, mais en perfectionnant ce goût, et à disposer ceux qui se destineront à une des parties de l'art, à recevoir leurs savantes leçons avec d'autant plus de fruit, qu'ils arriveront chez eux avec un jugement sain et épuré par des épreuves multipliées, avec des connaissances préparatoires et positives, enfin, avec un œil exercé et pour ainsi dire géométrique. Ils verront, dis-je, dans les sujets formés d'après ma nouvelle méthode, des hommes pénétrés de l'importance et de l'étendue de la science qu'ils iront puiser à leur école. Ces élèves seront d'autant moins portés à tirer vanité de la facilité qu'ils auront acquise dans la partie mécanique de l'art, qu'ils sauront d'avance, par ma méthode même, que cette partie, quoique nécessaire et même indispensable, n'est que le premier pas dans une carrière immense, et dont on aperçoit à peine la fin : ils seront donc modestes et assez instruits pour savoir qu'ils ont encore besoin de beaucoup apprendre, avant de se croire dignes du titre glorieux d'artiste.

Ma méthode n'eût-elle produit que cet effet, je croirais déjà avoir beaucoup fait pour le bien et la gloire des arts, dans un moment où tout tend à détruire la dignité et l'honneur attaché à un titre qui n'eût jamais dû être accordé qu'au génie et au talent.

Si dans les principes ou dans la pratique de ma méthode, ces grands artistes découvrent quelques erreurs, et ils doivent en trouver, je suis loin de craindre de leur part cette critique sourde et amère qui n'appartient qu'à la médiocrité; je suis au contraire convaincu qu'ils emploiront vis-à-vis de moi cette noble franchise naturelle aux vrais talens, et qu'en m'honorant de leurs conseils, ils chercheront à m'encourager et à concourir au but honorable que je me suis proposé.

J'ai dit plus haut que, dans cet opuscule, j'allais seulement indiquer le plan général de ma nouvelle méthode du dessin; c'est effectivement la seule chose que je puisse faire dans ce moment.

Quand même je n'aurais pas perdu, par suite des désastres de la guerre, mes études sur les arts depuis vingt-cinq ans, et particulièrement les cahiers que j'avais depuis long-temps préparés pour ma nouvelle méthode, ma fortune, même telle qu'elle était avant 1814, ne m'aurait pas permis de faire les frais d'une entreprise typographique d'autant plus considérable, que les gravures seraient multipliées.

Cette entreprise me serait donc impossible dans ce moment où mes cahiers ne sont plus que dans ma tête, et où ma fortune est diminuée de moitié par suite des guerres de 1814 et 1815.

Je ne vois d'ailleurs aucune urgence dans la publication des détails de ma méthode; d'après elle, les élèves feraient eux-mêmes leurs cahiers à mesure que je la leur développerais. Ces cahiers seraient conformes à ceux que je ferais moi-même à fur et à mesure du besoin, en suivant la marche que je me suis tracée. Cette méthode ne sera donc point un mystère, puisque ces cahiers seront à la disposition des élèves, et par conséquent de tous ceux qui voudraient en prendre connaissance. Les cours seraient d'ailleurs, pour ainsi dire, publics, puisque, comme on le verra quand je parlerai du matériel de l'établissement, on admettrait, outre les élèves, autant de spectateurs que la salle pourrait en contenir sans gêner les élèves. Placés sur des gradins séparés de l'amphithéâtre destiné à l'étude, ces spectateurs, dont on ferait un choix convenable, sans troubler les travaux seraient à même de les suivre et de les apprécier.

Au reste, si par la suite j'en ai moi-même, ou si on veut bien m'en donner les moyens, je m'occuperai de l'exécution typographique, pour laquelle, je ne le dissimulerai point, j'aurai besoin, non-seulement de la protection du gouvernement et de ses secours, mais encore de la coopération des grands artistes et même des savans; puisqu'il s'agira d'exécuter un traité complet des beaux-arts, par conséquent un ouvrage très-étendu, de la plus haute importance, et dès-lors bien au-dessus de mes facultés, quand bien même je serais doué de talens très-supérieurs à ceux que m'a départis la bonne mais parcimonieuse nature.

En attendant, je crois que les détails dans lesquels je suis entré dans cet opuscule, qu'on pourrait considérer comme le préliminaire de l'ouvrage en question, et la clarté avec laquelle j'ai cherché à les développer, suffiront pour en donner une idée aussi complète que possible.

Tel au moins a été le but que je me suis proposé. Ce n'est pas à moi à juger si je l'ai atteint; mais j'ai employé tous les moyens qui étaient en mon pouvoir pour réussir; j'ai même, avant de me hasarder à publier mon travail, cru devoir le communiquer à des savans capables de l'apprécier, et assez bienveillans pour m'aider de leurs sages conseils. J'ai profité de ceux dont ils ont bien voulu m'honorer pour faire à cet opuscule des amendemens importans.

Je craindrais de compromettre ces savans, si, pour m'acquitter ici de ma reconnaissance envers eux, je confondais des noms, déjà illustrés par des talens et un mérite reconnus, avec celui d'un auteur encore ignoré, en les plaçant dans un ouvrage dont le sort est incertain, et qui n'aura de valeur que celle que pourra lui donner la sanction de Messieurs de l'Académie des beaux-arts, seuls juges compétens pour un objet qui intéresse essentiellement le dépôt sacré qui leur est confié, la gloire des arts, et par conséquent celle de la France.

J'attendrai donc la décision de ce respectable tribunal, pour m'acquitter d'une dette aussi sacrée qu'elle est douce pour mon cœur.

*Note relative à la table analytique des matières.*

La division d'un ouvrage par sections, par chapitres et par articles, est utile, parce qu'elle y répand une certaine clarté; elle en facilite la lecture, et elle est commode pour le lecteur auquel elle laisse des moyens de repos. Ce lecteur en sait gré à l'auteur, auquel il est dès-lors disposé à accorder le mérite de l'ordre, avant d'avoir pu apprécier d'autres genres de mérite, par la lecture de l'ouvrage.

J'aurais désiré, sans doute, adopter cette division; mais, outre les difficultés que j'y ai rencontrées, par mon peu d'habitude dans la facture littéraire, il s'en est trouvé d'autres qui tiennent à la nature même du sujet que j'ai traité dans cet opuscule, et qui pourront être appréciées par les artistes.

S'il m'était permis de citer, à propos de cet opuscule, l'ouvrage du savant Léonard de Vinci, je le présenterais comme une preuve de la difficulté et même de l'impossibilité d'établir un ordre parfait, quand on entre dans des détails sur la théorie des beaux-arts. Dans ce cas, une idée en amène une autre, qui en est la conséquence, et elle entraîne quelquefois à une discussion qui devrait occuper une autre place, si on adoptait une division qui peut convenir à des ouvrages d'une autre nature, mais qui, dans ce cas, jetterait de la froideur et de la sécheresse dans celui qui a besoin de toute la chaleur de l'imagination.

A l'exemple de l'Éditeur de l'ouvrage de Léonard, j'eusse pu diviser le mien en autant d'articles qu'il y en a d'indiqués dans la table des matières; mais ayant observé que, dans l'ouvrage en question, il se trouve une quantité d'articles dont les titres sont aussi longs que les articles eux-mêmes, j'ai craint de tomber dans les mêmes inconvéniens, et peut-être d'encourir le reproche d'avoir grossi le volume inutilement.

D'ailleurs, dans l'ouvrage de Léonard de Vinci, cela était quelquefois nécessaire, à cause du peu de liaison qui se rencontre souvent entre un article et celui qui le précède.

Mon opuscule, au contraire, étant une espèce de discours sur les beaux-arts, dont toutes les parties sont liées par une suite d'idées qui sont toutes la conséquence de celles qui les précèdent, j'ai cru qu'il suffisait de placer sur les marges latérales des numéros correspondans à ceux de la table analytique des matières, dont la lecture seule pourra donner à ceux qui connaissent les arts, une idée exacte du plan de l'ouvrage, et même *de la méthode qui en est l'objet.*

# MÉTHODE ÉLÉMENTAIRE
# DU DESSIN.

CONSIDÉRÉ DANS SES RAPPORTS D'UTILITÉ GÉNÉRALE
POUR LES SCIENCES ET LES ARTS.

1. Quand un homme qui n'est connu du public, ni comme littérateur, ni comme artiste, se présente à lui pour obtenir sa confiance ; quand, surtout, il désire profiter de cette confiance pour introduire une nouvelle méthode d'enseignement relatif à un art, à l'époque précisément où cet art paraît avoir fait de grands progrès ; il est naturel que ceux à qui il s'adresse, que ceux, surtout, qui ont déjà acquis de justes droits à cette confiance et à l'admiration de leurs concitoyens, par des chefs-d'œuvre, demandent quels sont les titres de celui qui ose leur présenter des idées différentes de celles qui sont presque généralement reçues.

J'avouerai franchement que je n'ai aucune prétention comme littérateur : je n'ai pas besoin de dire que ce n'est pas à ce titre que je brigue les suffrages ; j'écris comme je sens, et je cherche à exprimer le mieux possible ma pensée, sans m'occuper d'autres choses que de la communiquer avec la clarté dont je puis être capable.

Je souscris donc d'avance à tout ce que la critique pourra trouver de défectueux dans le style de cet ouvrage; mais il n'en est pas de même du fond, de ce qui regarde les arts. C'est sous ce rapport que l'on a le droit de me demander qui je suis, quels sont mes titres, et je ne puis ni ne dois me dispenser de les produire.

Faire ici mon histoire, serait inutile; parce que, quand même elle remplirait, comme cela serait facile, plusieurs volumes, elle serait celle de milliers de Français qui, comme moi, ont été ballottés sur la mer orageuse de la révolution, et jetés par les vagues sur les rives étrangères. Elle pourrait peut-être amuser quelques oisifs, arracher quelques larmes aux âmes sensibles; mais tel n'est pas mon objet : assez d'autres, sans moi, auront ce loisir, et, en communiquant au public leurs aventures, raconteront une partie des miennes; car les mêmes causes produisent assez ordinairement les mêmes effets. Elle serait d'ailleurs ridicule dans un ouvrage fait pour les arts et les artistes. Je ne parlerai donc de moi que dans mes rapports avec eux.

2. J'avais d'abord placé ici, comme dans l'ordre le plus naturel, *le récit de ma vie pittoresque;* mais, quoique réduite à l'analyse la plus courte possible, et considérée seulement dans ses rapports directs avec les arts, comme ces rapports se trouvent aussi variés et aussi multipliés que les différentes situations dans lesquelles m'a jeté la crise révolutionnaire, privé d'ailleurs du talent de concision qui n'est donné qu'aux plus habiles littérateurs, je suis entré dans des développe-

mens peut-être trop étendus pour les personnes dont les momens sont précieux, pour ces hommes d'état, ces savans, qui, occupés de grands intérêts, ou des hautes conceptions du génie, sont habitués à planer au-dessus du domaine des sciences, et à ne voir dans un ouvrage que le fonds et l'ensemble de son objet, lesquels leurs suffisent pour en porter un jugement aussi prompt qu'éclairé.

C'est pour cela que j'ai reporté à la fin de l'ouvrage le récit de ce qui m'est personnel. Je l'eusse même supprimé entièrement, si je n'avais pensé que des esprits observateurs trouveraient peut-être quelque plaisir à y découvrir par quelles voies extraordinaires la Providence divine sait tirer du mal même le moyen d'opérer le bien; comment des événemens, qui semblent d'abord devoir anéantir les sciences et les arts, contribuent quelquefois à en faire développer les germes; comment enfin une vocation réelle peut surmonter tous les obstacles, et mettre à profit ces obstacles mêmes.

J'ai pensé aussi que le but de cet ouvrage étant de gagner la confiance publique, pour introduire une méthode qui paraîtra extraordinaire parce qu'elle porte l'apparence de la nouveauté, je devais, avant tout, faire connaître à ceux (et c'est malheureusement le grand nombre) qui souvent ne jugent les ouvrages que d'après le nom et la réputation des auteurs, par quels moyens je suis parvenu à découvrir la route dont je leur donne le plan, et leur prouver que ma méthode n'est pas un système vague et incertain, mais le résultat des plus profondes réflexions, et d'une longue expérience; et qu'enfin, l'établissement que je propose, loin d'être de ces spéculations inventées par la cupidité et appuyées sur le charlatanisme, n'a pour motif que l'amour des arts, et pour but que la gloire de ma patrie.

Je crois d'ailleurs que ceux qui emploieront quelques instans à lire cette notice de ma vie pittoresque, pourront tirer quelque fruit des notes et des observations qui s'y trouvent jointes, par leur analogie et leur liaison avec l'objet de cet ouvrage.

Il résulte de ce récit, qu'influencé toute ma vie par un goût dominant pour les arts, je ne les ai point perdus de vue, dans quelque position que je me sois trouvé; que, n'ayant laissé échapper aucune occasion de faire des études et des observations, j'en ai fait l'application à des objets qui paraissent assez généralement n'avoir point d'analogie avec ce genre d'étude.

3. On peut donc en conclure que le dessin, non-seulement peut être utile à presque tous les états *, mais encore contribuer à faciliter et même à perfectionner l'étude d'autres arts et d'autres sciences, auxquelles on n'a pas encore pensé à en faire l'application.

---

* J'aurais pu ajouter que non-seulement l'art du dessin m'a servi dans toutes les périodes et toutes les situations de ma vie; mais encore que cet art, outre les services qu'il m'a rendus, les moyens qu'il m'a donnés de remédier à tous les coups de la fortune, a sauvé la vie plusieurs fois à moi et à d'autres, dans les circonstances les plus critiques.

Les pères de famille sont donc intéressés à donner à leurs enfans les mêmes ressources contre les vicissitudes du sort, quoique n'ayant point l'intention d'en faire des artistes.

On peut ranger dans cette classe toutes les sciences qui ne peuvent se colloquer dans l'imagination, et pénétrer dans l'esprit, qu'au moyen des sens matériels et particulièrement de celui de la vue.

Effectivement, pour l'étude de ces sciences, l'on a toujours été obligé de placer dans les ouvrages qui y ont rapport, des gravures représentant les objets dont on veut donner l'idée; mais qu'arrive-t-il de là? De deux choses l'une: ou bien le prix des ouvrages est mis à la portée des élèves; dans ce cas les gravures sont mal exécutées, et donnent par conséquent une idée fausse ou imparfaite des objets représentés: ou ces gravures sont bien exécutées, et ces ouvrages sont à un prix tel qu'il n'y a pas un vingtième des élèves qui puisse se les procurer; et même, alors, on est obligé de s'en rapporter à ces gravures, qui, quelque parfaites qu'elles soient, ne sont jamais qu'une faible copie de la nature.

On dira peut-être que dans les cours publics, dans les cabinets, on peut voir les objets eux-mêmes; mais la rapidité avec laquelle on a l'habitude de passer d'un objet à un autre, la multitude des objets qui frappent presque spontanément, ou au moins dans une succession trop rapide, les regards des élèves, leur laissent-ils le temps de les observer convenablement, et de les classer avec ordre dans leurs jeunes cerveaux? Je ne le crois pas; ils sont obligés d'y revenir, le temps passe rapidement, et souvent on a le regret de l'avoir employé infructueusement.

J'ai toujours pensé, et ma propre expérience m'a

convaincu, qu'il serait possible de tirer de l'étude du dessin un parti plus avantageux pour la société en général, et pour chaque individu, qu'on ne l'a fait jusqu'à ce jour.

4. Pour cela, il faudrait se former une autre idée de cette étude; il faudrait lui donner un sens et une direction plus étendus. Au lieu de la considérer comme un objet de luxe dans l'éducation, il faudrait l'envisager comme un des points d'appui les plus solides de cette éducation, à laquelle elle serait liée par des rapports intimes, directs et généraux.

Jamais le goût de cette étude n'a été plus répandu en France que dans le moment actuel: c'est, il est vrai, un grand pas de fait vers le but que je propose; mais, par la marche suivie jusqu'à ce jour, atteindra-t-on, pourra-t-on atteindre ce but? c'est ce que je ne pense pas.

5. Pour appuyer mon opinion, examinons d'abord les motifs qui dirigent les parens, quand ils donnent à leurs enfans un maître de dessin. Si ces parens sont dans la classe élevée ou aisée de la société, ils font apprendre cet art à leurs enfans, dans l'intention de leur procurer un talent agréable. Si ces enfans parviennent à dessiner une jolie tête, la satisfaction des parens attire au maître des complimens flatteurs. Les complimens redoublent, si cet enfant arrive à l'académie, à la bosse; enfin on est dans l'enthousiasme, on ne sait comment reconnaître les soins du maître, si l'enfant arrive à la miniature.

L'enfant grandit. Si c'est un garçon, il adopte une carrière; il se lance dans un monde dont les mouvemens et les plaisirs lui font bientôt oublier tout ce qu'il a appris; il n'en retire d'autres fruits que d'avoir souvent sur les arts les plus fausses idées, parce qu'elles ne sont point appuyées sur des principes fixes et certains; et, faute de ces principes, il ne peut tirer aucun parti de cet art, qui, mieux étudié, eût pu lui rendre de grands services dans la carrière qu'il était destiné à parcourir, et le mettre à même de s'y distinguer en se rendant utile à sa patrie.

Si c'est une demoiselle, elle se marie; les soins du ménage, les plaisirs de la société, lui font bientôt négliger un art qui l'avait occupée pendant plusieurs années. Quels fruits a-t-elle retirés de cette étude? Si elle ne s'occupe plus de la peinture, pourra-t-elle au moins juger les ouvrages de l'art avec justesse et précision? Non; parce que, pour juger des ouvrages faits d'après des principes, il faut en avoir soi-même la connaissance parfaite: où, et comment l'aurait-elle acquise, cette connaissance? est-ce par la méthode actuelle? j'en doute, car elle n'a pour but, généralement, que de donner aux élèves l'habitude d'une exécution purement matérielle et mécanique.

Combien de demoiselles qui ont appris à dessiner pendant plusieurs années, qui même paraissent en avoir profité, puisqu'elles exécutent des dessins charmans, et qui, cependant, seraient hors d'état de tracer d'invention un joli dessin de broderie! Qu'on les prie de dessiner sans modèle, même d'après nature, suivant les règles de l'art, un cube, une sphère, enfin les corps les plus simples; qu'on les prie surtout d'expliquer les motifs de leur opération, de dire, par exemple, combien il y a de teintes dans le cube ou dans la sphère, on verra leur embarras : il est bien naturel, puisqu'elles n'ont aucune idée de la perspective et de la théorie des ombres.

Au reste, tout ce que je dis, comme tout ce que je dirai dans la suite, ne doit s'entendre qu'en général ; il y a des exceptions pour les élèves comme pour les maîtres. Des premiers, il en est qui, par un goût naturel, ou une étude plus réfléchie ou mieux dirigée, acquièrent un tact fin et délicat, et quelquefois un talent réel. Parmi les derniers, il en est aussi qui enseignent leur art avec talent, et appuyés sur des principes. Ceux-là, j'en suis certain, loin de s'offenser de mes réflexions, pénétrés de l'amour de leur art, encourageront mes efforts, entreront avec plaisir dans mes idées et dans mes vues, et ne blâmeront point ma méthode, parce qu'il leur sera facile de la suivre, si, après l'avoir connue, ils veulent l'adopter, puisqu'ils n'auront qu'à classer dans un ordre convenable des principes qui leur sont familiers. Il n'en est pas de même des routiniers et des ignorans ; ceux-là jetteront les hauts cris, parce qu'il leur sera impossible de suivre un plan qu'ils ne concevront même pas.

6. Les observations précédentes sont sans doute d'un grand poids ; elles intéressent la classe la plus élevée de la société. Cette classe est, il est vrai, la moins nombreuse ; mais, par le rang, par la fortune, elle a une influence directe sur le reste de la nation ; comme c'est elle qui, dans l'ordre des choses, est appelée à diriger et

à encourager par ses libéralités les sciences et les arts, il est de la plus grande importance que son goût soit aussi pur qu'exercé. Tel doit être le but général de son éducation ; elle ne doit point tendre directement à former des peintres, des sculpteurs, des architectes, mais des amateurs éclairés, des juges désintéressés, capables d'apprécier à leur juste valeur tous les ouvrages des arts, et de contribuer par leurs jugemens à leur perfection, par conséquent à la gloire de la nation.

7. Quant aux classes secondaires de la société, il convient aussi de les considérer par rapport à l'étude du dessin sous des rapports généraux d'utilité publique ; non pas seulement comme un moyen de former des artistes, mais comme celui de préparer tous les individus qui composent la société à remplir, le mieux possible, la tâche que la nature et le sort les ont destinés à remplir.

Personne, jusqu'à ce jour, n'a douté que le dessin ne fût utile et nécessaire dans presque toutes les professions mécaniques. On en a été tellement convaincu, qu'on a formé des écoles de dessin destinées pour les classes inférieures de la société. Ces écoles ont déjà, il est vrai, rendu de grands services : on en a ressenti les effets ; les ouvrages sortis des mains des artisans ont une teinte de goût général qui paraîtrait tendre à la perfection ; mais, pour y arriver à cette perfection, a-t-on pris la route la plus courte et la plus sûre ? on pourrait en douter : les raisons que je pourrais en donner, tiendraient ici trop de place ; elles se trouveront d'ailleurs incluses parmi les observations générales sur l'état actuel des arts en France.

8. Je me contenterai donc de dire, pour le moment, que le but des écoles actuelles de dessin est manqué, parce que, par la méthode généralement adoptée, les élèves n'apprennent point ce qui est nécessaire pour l'état auquel ils se destinent; ou qu'en apprenant des choses inutiles à la profession à laquelle ils sont appelés, ils perdent un temps précieux. Entraînés quelquefois par des dispositions apparentes et par un amour-propre peu réfléchi, soit de leur part, soit de la part de leurs parens, ils se jettent dans l'étude des arts, et finissent bien souvent par y végéter; tandis que la réputation et la fortune les eussent peut-être attendus dans la carrière ou la profession à laquelle ils étaient d'abord destinés.

9. Je reviendrai encore sur cet objet, que je regarde comme très-important, parce que c'est un des plus pernicieux effets de la révolution, et qu'il contribue à en entretenir l'esprit, en jetant chacun hors de sa sphère, et en imprimant à tous les individus une direction vers un mouvement extrêmement dangereux, s'il n'est maintenu dans les bornes convenables pour le bien général de la société, la stabilité et la fixité de nos institutions.

## CONSIDÉRATIONS GÉNÉRALES
## SUR LES BEAUX-ARTS.

10. En considérant la perfection dans le sens moral, il est peut-être possible que le génie de l'homme, guidé par la science de l'observation et par la chaleur d'une imagination brillante, puisse, sinon la concevoir entièrement, du moins s'en former une idée aussi exacte qu'il est possible à sa faiblesse.

11. C'est là le seul but auquel la nature humaine puisse atteindre; pour aller plus loin, il faudrait que l'homme fût parfait, et alors il serait l'égal de la divinité, car on ne peut trouver que dans Dieu seul le type de la perfection.

12. Si notre âme, quoique dégagée des vapeurs terrestres, ne peut planer qu'à une certaine hauteur, et ne peut apercevoir ce type qu'à travers un voile indestructible, nos sens, contenus dans des bornes encore plus étroites par la matière qui les compose, ou, au moins, leur sert d'enveloppe, peuvent-ils voir, sentir la perfection? Non, sans doute. Ils pourront encore moins la créer.

13. Nous en sommes donc réduits à ne connaître et même à ne concevoir qu'une perfection relative. Elle est relative, surtout dans le sens physique, parce que ce n'est que par la comparaison que nous pouvons établir entre les objets qui frappent nos sens, que nous pouvons nous en former une idée plus ou moins exacte, suivant que notre âme est plus ou moins élevée et a des rapports plus ou moins intimes avec nos sens.

14. Pour nous former une idée de la perfection dans les arts, nous sommes donc forcés de recourir au seul moyen qui soit à notre disposition. Si, dans ce qui nous environne, nous ne pouvons trouver tout ce qui peut la constituer réuni dans un seul objet, par quelles voies parviendrons-nous donc à la découvrir? Réunirons-nous toutes les beautés éparses sur plusieurs objets, pour en former un tout qui soit parfait? cela peut être possible dans le sens moral; mais, dans le sens physique, je ne crois pas qu'on puisse y parvenir.

15. Je ne puis sur cela adopter l'opinion, ni céder à l'autorité des auteurs qui nous ont transmis l'histoire de Zeuxis. D'après l'idée que je me forme du talent éminent des artistes grecs, ma raison se refuse à croire que Zeuxis ait pu aller chercher, sur différens modèles, des beautés partielles, pour en former le type de la beauté. Je crois fermement que, par ce moyen, il n'eût pu faire qu'un monstre, dans le sens réel de ce mot; c'est-à-dire, en considérant comme monstre tout ce qui n'est pas d'accord avec les lois de la nature. Or, d'après l'idée que je me forme de la beauté et de ce qui la constitue, je crois qu'elle ne peut exister sans l'harmonie, et il ne peut y avoir d'harmonie dans un tout composé de parties hétérogènes *.

---

* Au surplus, l'histoire de Zeuxis peut être vraie; il est possible que, pour peindre une Hélène ou une Atalante, et pour lui donner toute la perfection possible, il ait réuni plusieurs modèles; mais il n'aura pas pris, comme le dit M. de Piles, les

16. Si, avant nous, une nation vive et sensible, favorisée par ses institutions, par le climat, enfin par tout ce qui peut contribuer à développer le génie et à lui donner l'essor le plus élevé, est parvenue à concevoir et à exécuter des ouvrages qui puissent nous servir de types; devons-nous nous contenter de fonder nos études sur ces modèles? Ne devons-nous pas craindre de nous égarer en les copiant aveuglément, et surtout en faisant une fausse application des beautés que nous croyons y découvrir? Ne serait-il pas convenable de rechercher par quels moyens les Grecs étaient parvenus à pouvoir exécuter ces chefs-d'œuvre? ne devrions-nous pas chercher, avant tout, à découvrir les voies dans lesquelles ils ont marché pour arriver au plus haut degré de perfection connu, perfection dont, peut-être, nous n'avons encore qu'une idée imparfaite; car rien ne nous prouve que les objets exposés à notre admiration, soient réellement ce que l'antiquité a exécuté de plus parfait. Nous avons, au contraire, bien des raisons pour penser que ce qui nous reste est inférieur à ce que le temps et les événemens nous ont enlevé. Nous sommes fondés à croire que les ouvrages les plus distingués, exécutés par les plus habiles artistes grecs, étaient composés de matières précieuses, qui n'ont pu échapper à la cupidité et à la barbarie. Quant

---

plus belles parties de chacun de ces modèles pour en former un tout pafait; c'est sans doute par d'autres moyens qu'il sera arrivé à son but. Ces moyens, tels au moins que je les conçois, sont expliqués dans le cours de cet ouvrage.

aux statues de marbre, beaucoup, sans doute, ont été mutilées par les barbares, sans autre but que le génie de la destruction; d'autres, et ce sont peut-être les plus belles, sont encore enfouies sous les décombres des temples et des palais.

17. Au reste, ce que le temps a épargné de la sculpture antique doit nous donner une idée bien élevée de l'état de la peinture à la même époque, car on ne peut douter que ces deux arts ne marchassent ensemble, au moins d'un pas égal. Malheureusement il ne nous en est rien resté : le temps et la barbarie ont tout détruit, et nous ne pouvons en avoir qu'une idée bien faible et très-imparfaite, par les fragmens qu'on a pu découvrir.

18. Ces vestiges ne peuvent être considérés comme peintures antiques ; anciennes serait le mot, parce qu'il y a long-temps qu'elles sont exécutées; mais par qui ? par des esclaves, descendans des Grecs, lesquels, il est vrai, pouvaient avoir conservé par tradition quelques-uns des anciens préceptes établis par les Apelles, les Zeuxis, et par cela seul donnaient à leurs ouvrages un caractère de noblesse et de beauté que nous devons admirer; mais la distance entre ces ouvrages et ceux d'Apelles et de Zeuxis, pouvait et devait être aussi grande que celle qui existe entre Vatteau et Raphaël. D'ailleurs, les seuls fragmens de peintures antiques qui aient été découverts, se sont trouvés en Italie, et dans des maisons particulières dont les propriétaires n'ont sûrement pas employé les artistes du premier ordre.

Nous ne pourrons donc nous former une idée juste

de l'art de la peinture chez les Grecs, que quand, sous les débris d'Athènes ou d'Éphèse, on aura trouvé des vestiges de ces peintures, sorties des pinceaux des plus célèbres artistes grecs, pour l'ornement des temples et des palais.

En attendant ces découvertes, il faudra suspendre notre jugement, ou ne nous hazarder à le prononcer que par analogie, à l'aide des morceaux de sculpture qui nous sont restés.

19. Je ne discuterai donc point ce qui regarde la peinture chez les Grecs. Il est possible que la chimie qui, chez les modernes, a prêté de grands secours à la peinture, ne fût point alors en état de leur fournir ces secours; alors il ne serait point étonnant qu'ils nous fussent inférieurs pour le coloris. Mais la peinture et la sculpture ont une base commune, le dessin. Nous ne pouvons révoquer en doute que cette partie fondamentale de l'art ne fût portée chez les Grecs au plus haut degré de perfection. Cette perfection s'est étendue à l'architecture. C'est aussi chez eux que nous avons été chercher les règles et les modèles pour cet art, qui, comme les deux autres, a le dessin pour base.

20. Les Grecs, avant de savoir s'ils seraient un jour peintres, sculpteurs ou architectes, apprenaient donc le dessin : comment l'apprenaient-ils? c'est ce qu'il s'agit de découvrir.

Si nous pouvions résoudre ce problème ; si, après l'avoir résolu, nous étions bien déterminés à suivre dans cette étude la route qu'ils s'étaient tracée; si enfin nous employions les mêmes moyens moraux et physiques qu'ils employaient pour parvenir à la perfection, nul doute que nous y arriverions, et que nous verrions sortir du ciseau de nos sculpteurs, des chefs-d'œuvre égaux à l'Apollon, à la Vénus et au Laocoon; peut-être même franchirions-nous la ligne de démarcation que leurs habiles auteurs semblent avoir tracée comme les dernières limites de l'art.

J'ose espérer qu'on me rendra la justice de croire que je ne suis pas assez présomptueux pour penser que j'ai résolu en entier ce problème : cette prétention serait ridicule; mais serais-je blâmable d'avoir cherché à le résoudre? Quand même il ne résulterait d'une entreprise aussi hardie, d'autre bien que celui d'avoir ouvert une nouvelle carrière, dans laquelle des hommes plus savans, plus habiles que moi, marcheraient d'un pas plus assuré, je croirais avoir déjà beaucoup fait pour la gloire de mon pays. Je ne regretterais point alors les peines que je me suis données pour découvrir une nouvelle route, ou, pour mieux dire, pour reconnaître les traces d'une route ancienne, mais cachée sous les ronces qui la couvrent depuis des siècles. Content donc d'en avoir découvert quelques fragmens, je laisserai, je le répète, avec plaisir, à d'autres, le soin de la rétablir entièrement.

21. Tel, au moins, a été le but de mes études depuis plusieurs années. Retiré à la campagne, loin du mouvement des villes, du tumulte des camps, et des intrigues de la capitale et de la cour, sans autre ambition que celle de rendre heureux ce qui m'entourait, j'avais trouvé mon propre bonheur dans une honnête médio-

crité, dans les soins de la famille, dans ceux que demande la paisible agriculture, et dans les arts que je n'avais point perdus de vue.

Si, éloigné des modèles et privé des moyens d'exécution qu'on ne trouve que dans les capitales, je ne m'occupais plus matériellement de la peinture, je ne la négligeais pas pour cela : mon amour pour elle était devenu un amour moral, j'allais presque dire platonique.

Je m'appliquais à classer et à réunir toutes les observations que j'avais pu recueillir pendant le cours de ma vie pittoresque. Appuyé sur ces observations et sur une expérience dont j'avais cherché à profiter, guidé par les auteurs qui ont le plus honoré les sciences et les arts, j'eus la témérité de franchir l'espace qui nous sépare de la Grèce antique, et de chercher à soulever le voile qui soustrait à nos regards les moyens employés par les Grecs pour arriver à une perfection que nous sommes réduits à admirer, sans pouvoir l'égaler.

22. Mes méditations m'amenèrent à découvrir ( au moins je le crois ) une partie de ces moyens; mais je crus d'abord apercevoir un obstacle invincible dans la différence physique et morale qui existe entre la France actuelle et la Grèce antique. Je crus voir que, chez les Grecs, une religion qui se prêtait à donner aux dieux des formes humaines, des exercices gymnastiques qui contribuaient à développer toutes leurs facultés physiques, des bains et des jeux publics où les artistes pouvaient établir des comparaisons, étudier les formes et les mouvemens d'après un grand nombre de modèles, et enfin recueillir des matériaux précieux pour la con-

fection de leurs ouvrages immortels : je crus, dis-je, que les Grecs, aidés de toutes ces ressources, stimulés par tout ce qu'un ciel pur, un climat doux et sain pouvaient donner de vivacité et de sensibilité à leur caractère, comblant d'ailleurs de gloire et d'honneurs les artistes, dont les ouvrages étaient portés en triomphe et couronnés, ainsi que leurs auteurs, à la vue d'un peuple enthousiaste de la beauté, avaient sur nous des avantages qui ne peuvent être balancés par aucun de ceux que nous croyons avoir sur eux.

23. Ce point de vue général sous lequel j'avais établi la comparaison entre les Grecs et nous, m'avait d'abord découragé, et je fus sur le point d'abandonner mon entreprise. Cependant, après avoir comparé en détail nos moyens avec ceux des Grecs, je crus voir de nombreuses compensations, et même des avantages en notre faveur, si nous voulions en profiter.

Ce n'est pas que je partage aveuglément l'opinion avantageuse que nous avons de notre siècle. Ce serait peut-être ici le lieu d'examiner si ce siècle est justement appelé le siècle des lumières. Peut-être serait-il possible de prouver qu'en général nous avons plus gagné en superficie qu'en profondeur*. Sans examiner en entier

---

* Je prie, une fois pour toutes, mes lecteurs de ne considérer mes propositions que dans leurs rapports directs avec les arts. Quand j'avance que nous avons plus gagné en superficie qu'en profondeur, c'est une vérité dont sont frappées toutes les personnes sensées, en la considérant sous un point de vue général, sauf les exceptions partielles et individuelles, relative-

cette question dont la solution serait au-delà de mes moyens, et tiendrait d'ailleurs ici trop de place, peut-être aurons-nous plus tard l'occasion d'appuyer cette assertion sur des preuves aussi multipliées qu'évidentes. En attendant, examinons en détail nos ressources, et celles des Grecs : commençons par la religion.

---

ment aux beaux-arts et par rapport à certaines sciences, qui réellement ont fait d'immenses progrès dans ce siècle. Telles sont les sciences positives, comme les mathématiques, et les sciences qui en dérivent, la chimie, la physique, etc. On ne pourrait pas en dire autant de celles dont la morale est la base ; je crois que de ce côté notre siècle a rétrogradé. La science qui apprend à connaître le juste et l'injuste, bien étudiée, pourrait peut-être nous donner des lumières plus douces que celles qui ont éclairé notre siècle, dont la lumière a été tellement vive, qu'elle a occasioné un incendie qui ne pourra s'éteindre que par le secours d'une saine morale et d'une religion éclairée. Les rayons qui reflètent sur le miroir de la raison ne brûlent pas, ils vivifient ; ceux qui passent à travers le prisme des passions éblouissent, il est vrai, mais ils consument et détruisent. L'imprudent qui, pour mieux observer le soleil, ose le fixer sans un intermédiaire qui adoucisse l'ardeur de ses rayons, s'expose à perdre la vue. Il en est de même au moral pour la vérité : son éclat doit être tempéré par la religion, la sagesse et la raison.

Je laisse à un génie plus élevé que le mien, à une plume plus exercée et plus savante, le soin de développer cette question, laquelle serait de la plus grande importance pour notre avenir. Il aura bien mérité de la patrie, celui qui emploiera le langage de la raison pour remettre ses concitoyens sur la route de la sagesse, c'est-à-dire, de la vraie philosophie. On trouvera encore pour cette étude des modèles plus parfaits chez les an-

24. Sans doute les artistes grecs avaient un stimulant bien puissant dans une religion qui leur permettait de donner aux divinités l'enveloppe de la matière, et dans un culte qui, s'adressant directement aux images de ces divinités, était, pour ainsi dire, partagé par les auteurs de ces images. Les grands artistes étaient eux-

---

ciens que chez les modernes. Les anciens s'occupaient plus des *devoirs de l'homme et du citoyen*, que *des droits de l'homme et du citoyen*. Ils pensaient qu'une nation composée d'hommes connaissant leurs devoirs, n'avait pas besoin d'un code des droits, puisqu'ils étaient assez clairement indiqués par la ligne des devoirs réciproques des gouvernans et des gouvernés.

Au reste, pour remettre les choses à leur place, il faudrait commencer par rendre aux mots leur sens et leur valeur. En expliquant ce qu'on doit entendre par *philosophie* et *philosophisme*, on verrait que notre *siècle des lumières* a engendré beaucoup de *philosophistes*, et bien peu de *philosophes*. On verrait enfin que la première science honore l'homme et l'élève au point de le rapprocher de la divinité; tandis que la seconde l'égare et le dégrade, en le mettant souvent au niveau de la brute la plus vile et quelquefois la plus féroce.

C'est donc une absurdité de dire que notre affreuse et fatale révolution est l'ouvrage de la *philosophie*, c'est-à-dire, de la sagesse. Elle est bien certainement l'ouvrage du *philosophisme*, lequel est masculin, ou, pour mieux dire, hermaphrodite, monstre émané de la folie et du délire.

Honorons-nous donc du titre de philosophes ou de sages, honorons la philosophie, tout en proscrivant le philosophisme: faisons-en autant du titre de *patriote*; rendons au mot *patriotisme* sa valeur et son éclat, et vouons à l'infamie, ou pour mieux dire, à l'oubli le *hideux sans-culotisme*, et nous aurons fait un grand pas vers notre cure morale.

mêmes admirés comme des êtres surnaturels, considérés et presque traités comme des demi-dieux.

25. Les artistes modernes ne peuvent espérer ces avantages; mais ne sont-ils pas bien compensés par d'autres dont les Grecs ne pouvaient pas même avoir l'idée? Une religion sublime, épurée par la révélation, ne permettra pas, il est vrai, à nos artistes de représenter matériellement la divinité, en la considérant dans son acception la plus étendue et la plus élevée *. Mais ce Dieu dont la perfection et la beauté sont impossibles à concevoir, et encore moins à représenter matériellement; ce Dieu, dis-je, s'est fait homme : on peut donc, dans ce cas, le représenter sous l'enveloppe de l'humanité. Alors le génie de nos artistes peut s'exercer à lui donner toutes les perfections physiques analogues aux perfections morales dont il était revêtu.

26. D'un autre côté les scènes mystiques, les mira-

---

* Quelques efforts qu'aient pu faire les plus grands artistes modernes, pour réussir à nous donner une idée de Dieu, par les moyens qui étaient à leur disposition, ils n'ont fait que nous montrer la faiblesse de ces moyens et la témérité de leur entreprise. La représentation du Père éternel, même dans les tableaux de Raphaël, n'est que celle d'un vieillard aussi respectable, même aussi beau que possible; mais elle ne donne aucune idée de Dieu le père, du souverain maître du monde. Sans les accessoires du tableau, on le prendrait plutôt pour un Jupiter ou un Saturne. Si pour cela, la peinture, avec tous ses prestiges, est aussi impuissante, la sculpture le sera bien davantage, elle qui n'a point à sa disposition ces prestiges, ne pouvant employer que de la matière, dont elle ne peut déguiser la pesanteur par cette magie qui n'appartient qu'à la peinture.

cles, les apparitions, peuvent échauffer l'imagination des artistes, et leur faire enfanter des chefs-d'œuvre dans un genre absolument inconnu aux Grecs, genre d'autant plus beau, que l'idéal peut aller aussi loin qu'il est possible à un génie élevé, quand, se dégageant de la matière, il plane dans les régions éthérées.

Pour cela la sculpture a peut-être moins de ressources que la peinture. Elle pourra bien, comme cette dernière, donner aux esprits célestes des formes élégantes et légères, une physionomie noble et radieuse, dans laquelle on distinguera l'expression d'un bonheur calme et pur; mais elle ne parviendra jamais à donner à ces êtres surnaturels ce ton aérien qui indique leur séjour habituel et leur origine. Les efforts de quelques sculpteurs modernes pour lutter avec la peinture en voulant représenter des nuages, n'ont fait que prouver leur tort d'avoir tenté l'impossible. Des nuages de marbre ou de bronze seront toujours du bronze ou du marbre, et ne paraîtront jamais être des vapeurs légères et aériennes.

Ce désavantage de la sculpture est d'ailleurs bien compensé par la beauté des formes et leur indication bien plus étendue et plus précise que dans la peinture.

Depuis plusieurs années on n'a rêvé que combats, que victoires, et que tableaux de bataille; l'auréole et les vapeurs aériennes dont sont enveloppés les esprits célestes, ont été voilées par l'auréole dont la flatterie avait entouré la tête superbe d'un mortel, et par la fumée des canons, de ces instrumens avec lesquels il a trop long-temps ravagé le monde.

27. Que la religion reprenne son éclat, et nos temples se rempliront des chefs-d'œuvre de nos grands artistes. Ils pourront alors prétendre à un genre de gloire qui depuis long-temps leur était interdit, et éprouveront des jouissances pour ainsi dire ignorées de plusieurs d'entre eux; jouissances aussi douces que sublimes, et inhérentes à un genre qui, en mettant l'âme et l'esprit de l'artiste en contact avec les esprits célestes, l'élève d'avance dans le ciel et le rapproche de la divinité.

Nos artistes sont donc intéressés au rétablissement d'une religion qui a inspiré le génie des Raphaël, des Corrége, des Titien, des Dominiquin, des Carache, etc., etc.; d'une religion qui, sous tant de rapports, leur donne de grands avantages sur les artistes grecs.

28. La sculpture et la peinture ont, d'un autre côté, pour marcher sur les traces des Grecs, la ressource de la mythologie; elles peuvent y avoir recours dans bien des occasions. L'allégorie, négligée depuis long-temps, traitée avec discernement et maintenue dans de justes bornes, peut s'appliquer à différens genres. Il en est un entre autres, anéanti par une révolution qui voulait tout détruire : c'est le genre monumental ou funéraire.

29. Ce genre, depuis plusieurs années négligé par l'indifférence et l'égoïsme, abandonné aux tailleurs de pierre, sera, n'en doutons pas, remis en honneur sous un gouvernement réparateur. La tombe, en marquant la fin d'une vie distinguée par des services et des talens, en perpétuera le souvenir. On ne sera pas obligé, pour

se les rappeler, d'aller soi-même s'ensevelir dans des souterrains, pour voir des sarcophages singés de l'antique quant à la forme, mais aussi mesquins que le sentiment qui les a produits. C'est aux yeux d'un peuple entier, à la lumière du jour, dans nos temples enfin, que seront exposés ces monumens, alors dignes de leur objet, pour l'exécution desquels le ciseau de nos plus habiles sculpteurs sera l'interprète des regrets d'un roi qu'un grand homme aura bien servi, et de la reconnaissance d'une patrie dont il aura fait l'honneur et l'ornement.

La morale et la religion feront d'ailleurs disparaître l'égoïsme et la cupidité : alors on verra les familles s'occuper d'autre chose que de recueillir les dépouilles des morts ; l'amour filial et conjugal élèveront des tombeaux pour lesquels les sculpteurs emploîront les ressources de l'allégorie, afin d'exprimer tout ce que les vertus domestiques et sociales ont de plus touchant *.

Quoiqu'on puisse dire que, dans ce genre, surtout quand les tombeaux sont placés dans nos temples, il n'est pas permis d'employer pour l'allégorie les divinités du paganisme, cela ne veut point dire qu'il soit défendu à nos artistes de représenter sous des formes matérielles les qualités morales. L'emblème de la force ne sera pas un Hercule, mais n'en sera pas moins une figure dont les formes extérieures seront, comme celles de l'Hercule, analogues au caractère de la force. Le génie ne sera pas un Apollon, mais un être noblement

---

* Voir la note à la fin de l'ouvrage.

et délicatement constitué, dont les formes seront, comme celles de l'Apollon, dégagées de tout ce qui peut caractériser la faible humanité. Il en sera de même de la justice et de toutes les autres vertus.

30. Nous trouvons donc que notre religion, en cela comme en bien d'autres choses, présente à nos artistes de grands avantages sur les Grecs, lesquels n'avaient point d'images pour représenter la foi, l'espérance, la charité, et d'autres vertus morales et chrétiennes qui leur étaient inconnues.

31. Les Grecs avaient sur les modernes de grands avantages du côté des exercices gymnastiques. Dans les jeux et les fêtes publiques, leurs artistes trouvaient, par suite de ces exercices, des modèles parfaits chez lesquels la force et la légèreté étaient dans une harmonie complète pour l'ensemble et les détails des formes indicatives de ces qualités.

Quelques efforts qu'on ait pu faire pour introduire parmi les modernes ces exercices, qui donnent aux hommes toute la force et la souplesse dont ils sont susceptibles, le luxe, la mollesse, des préjugés enfin se sont opposés à l'adoption d'un système qui eût créé des hommes sains, légers et vigoureux.

Outre ces avantages généraux pour toute la société, les Grecs trouvaient dans ces exercices des moyens d'étude dont nous sommes privés. Si nous devions rester sur cela au point où nous en sommes, je verrais peu de moyens de remédier à cet inconvénient; mais on doit tout espérer du temps, de l'expérience, et surtout d'un bon gouvernement.

32. Déjà quelques hommes généreux ont fait des efforts pour introduire dans l'éducation ces utiles exercices qui, en développant le physique, donnent à l'âme de l'énergie.

Il est surtout un homme dont on parle moins que de ceux qui emploient leurs talens à ravager le monde ; un homme aussi sage que modeste, qui, sans autre ambition que celle d'être utile à ses semblables, laissera à la postérité, et sans y avoir prétendu, un nom célèbre dans les annales de l'éducation : c'est le bon, l'estimable, le savant *Pestalozzi* *.

---

* Il y a quelques jours, j'ignorais encore qu'il y eût dans un coin de la Suisse un homme d'un talent aussi extraordinaire que *M. Pestalozzi*, et une institution aussi parfaite que l'établissement dont il est le créateur et le chef. Un hasard particulier m'a fait connaître l'un et l'autre.

Je communiquais mes idées sur les arts et sur les moyens que je croyais devoir être employés pour tirer de leur étude le parti le plus avantageux au bien général de la société, à un littérateur aussi distingué par ses talens, que par son dévouement à la cause royale ( *M. de Salgues*, l'un des directeurs de l'Institution académique des nations alliées ) :

M. de Salgues me dit que mon système d'étude était, sinon le même, au moins dans le même sens que celui de M. Pestalozzi. Je lui avouai franchement que j'ignorais de quoi et de qui il me voulait parler, que ce nom m'était entièrement inconnu.

Après m'avoir expliqué, en peu de mots, quels étaient et le système et son estimable auteur, M. de Salgues me communiqua et voulut bien me confier le Mémoire de M. Amoros sur les avantages de la méthode d'éducation de Pestalozzi, et

33. Je désire vivement, et tous les amis de l'humanité doivent le désirer comme moi, qu'on adopte le plan d'éducation qu'il a imaginé, et qu'il s'occupe de perfectionner. J'espère qu'à la longue, les intérêts par-

---

sur les résultats des expériences faites à Madrid en faveur de cette méthode, lu à la société pour l'instruction élémentaire de Paris, les 6 et 7 septembre 1815.

La lecture de ce mémoire m'engagea à remonter à la source et à faire la recherche de l'ouvrage de M. M. A. Jülien, intitulé, *Esprit de la méthode d'éducation pratique à l'institut d'Yverdun en Suisse*, imprimée à Milan en 1812.

Je ne puis exprimer le plaisir que me fit éprouver cet ouvrage. Il semblerait d'abord que, me croyant entièrement l'inventeur de ma méthode, j'eusse dû éprouver quelque peine, en voyant qu'un autre m'avait devancé dans des idées que je croyais nouvelles. Cependant cela produisit sur moi un effet contraire.

Quoique les idées que je m'étais formées sur ma nouvelle méthode d'enseignement du dessin, fussent le résultat d'observations précises, recueillies avec soin pendant plus de vingt années et mûries par une expérience théorique et pratique; quoique, d'après ces considérations, j'eusse la plus grande confiance dans l'effet de ma méthode, si elle était adoptée et suivie avec soin; je craignais cependant de rencontrer des obstacles invincibles, pour l'application de cette méthode, dans nos mœurs et dans nos institutions. J'ai dû, par conséquent, éprouver la jouissance la plus vive, en voyant que non-seulement mes idées étaient semblables à celles de M. Pestalozzi, mais encore que sa méthode, qui est à peu près la même que la mienne, avait reçu avec le plus grand avantage son application; qu'enfin les résultats étaient tels que je l'avais espéré.

Ce que j'espérais est donc devenu certitude, mes doutes

ticuliers et les préjugés cédant à l'intérêt général et au sentiment intime de la raison, on s'occupera sérieusement de cette méthode, en la modifiant s'il est nécessaire, au moyen d'une sage expérience, et en la mettant en harmonie avec nos institutions.

---

ont été dissipés. Au reste, si M. Pestalozzi m'a devancé dans l'exécution, il se pourrait faire que la naissance de nos idées communes eût la même date. Mais il y a une grande différence entre nous deux : c'est que M. Pestalozzi, plus savant que moi, a pu faire l'application de ces idées à toutes les branches de l'instruction et former un système général d'éducation ; au lieu que moi je n'en ai vu et n'en pouvais voir, je l'avoue, qu'une seule partie, le dessin.

Peut-être cependant trouverai-je un dédommagement : c'est que, ne m'étant attaché qu'à cette partie, je l'ai envisagée sous un point de vue plus étendu. Ayant cultivé cet art, j'ai été à même de recueillir le fruit de la théorie et de la pratique réunies. J'ignore si M. Pestalozzi a eu cet avantage ; dans tous les cas, par la seule raison que je ne me suis occupé que de ce seul objet, il serait possible que ma méthode, la même pour le fonds, présentât des différences avantageuses dans les détails ; ce dont je n'ai pu m'assurer, parce que M. Jullien, dans son ouvrage, ne présente que l'ensemble de la méthode.

Quant aux résultats, ceux indiqués par M. Amoros, comme le fruit d'une année d'études à l'institut pestalozzien de Madrid, sont très-brillans, sans doute ; mais j'ose espérer qu'au bout du même temps, les élèves formés d'après ma méthode seront encore plus avancés, et qu'ils exécuteront des choses plus surprenantes ; avec la différence que si, comme ceux de Madrid, *ils dessinent des bases et des chapiteaux de colonnes toscanes ou doriques sans se servir de la règle ni du compas*, ils ne les remplaceront point par la *fermeté de leurs muscles*, mais par

On est porté à concevoir les plus grandes espérances sur la propagation de la méthode de Pestalozzi, quand on voit des élèves accourir à son institut des pays les plus éclairés et des contrées les plus éloignées ; quand surtout on voit des souverains applaudir à la méthode, et encourager les efforts de son estimable auteur par les honneurs les plus distingués *.

34. La France a eu le bonheur, en recouvrant son roi légitime, de se trouver sous la direction d'un prince aussi sage qu'éclairé, lequel, en nous rapportant la paix, fera refleurir les sciences et les arts de la paix, et adoptera, n'en doutons pas, tout ce qui pourra contribuer

---

la *souplesse de ces mêmes muscles et la légèreté d'une main guidée par un œil géométrique.*

Je demande pardon à M. Amoros d'avoir relevé cette faible erreur d'un savant, dont les études se sont sûrement dirigées sur des choses plus élevées que le dessin. Je ne puis que le remercier du plaisir que m'a procuré son mémoire, et du bonheur que j'ai eu par lui de connaître M. Pestalozzi et sa savante méthode.

* L'institut de M. Pestalozzi n'a pu échapper aux regards perçans ni à la bienveillance d'un *auguste souverain*, dont la grandeur d'âme, la générosité et toutes les hautes qualités qui constituent le grand homme, ont laissé en France des traces ineffaçables. Ce généreux souverain, que je n'ai pas besoin de nommer, parce que son nom comme son image sont gravés dans nos cœurs reconnaissans, a non-seulement daigné conférer au respectable auteur de l'Institut d'Yverdun un ordre distingué, mais encore a mis le comble à cette faveur en l'accompagnant d'une lettre, dans laquelle on reconnaît la grâce, l'amour des sciences et de l'humanité qui distinguent le *Héros du Nord*.

à perfectionner l'éducation de ses sujets, lesquels lui seront d'autant plus fidèles et dévoués, qu'ils auront mieux appris à connaître leurs devoirs envers lui, et seront d'autant plus aptes à remplir ces devoirs, que leurs facultés morales et physiques auront reçu plus de développement, au moyen d'une éducation perfectionnée et dirigée vers le but auquel doit tendre toute institution, l'intérêt général de la société.

55. Déjà, depuis le retour de ce prince chéri, malgré les nuages qui ont un instant obscurci l'aurore d'un bonheur qui était son ouvrage, tous les esprits, inspirés par son génie bienfaisant, se sont attachés à seconder ses vues paternelles pour le bonheur de ses peuples. Une *association* composée de ce que la capitale peut présenter de plus distingué du côté du rang, de la science et de la fortune, s'occupe sans relâche, et avec un soin particulier, d'une méthode d'enseignement de laquelle la génération actuelle retirera les plus grands avantages, et qui contribuera à consolider le bonheur du peuple français, bonheur basé sur l'amour réciproque d'un bon roi et de ses sujets, et sur une instruction qui mettra ces derniers à même de connaître et d'aimer leurs devoirs *.

---

* La méthode d'enseignement soutenue et encouragée par tous les moyens, même pécuniaires de l'association, combinée d'après les systèmes des docteurs Bell et Lancaster, a beaucoup d'analogie avec celle de Pestalozzi et se rattache aux mêmes principes généraux. La mienne est établie sur ces mêmes principes : si elle présente quelque différence, c'est peut-être dans les

Nous pouvons donc espérer que les exercices gymnastiques, tout en fortifiant les Français, présenteront par la suite à leurs artistes les mêmes ressources dont profitaient les artistes grecs. Jusqu'alors il leur sera sans doute bien difficile de trouver des modèles chez lesquels le caractère de la force et de la légèreté soit généralement développé. Ce n'est que dans les détails qu'ils trouveront l'indication de ces caractères : ils trouveront effectivement celui de la force dans les bras du forgeron, dans les jambes du danseur et dans les reins du porte faix ; mais bien rarement, jamais peut-être, il n'y aura harmonie entre ces parties et le reste du corps. Il n'existe point chez nous d'état ni de profession qui exerce également toutes les parties du corps, à moins que l'on ne veuille placer dans cette classe les saltimbanques et les rameurs ; et encore, les mouvemens contre nature des premiers doivent contribuer à dénaturer les formes, en donnant aux muscles une fausse direction ; et le travail des rameurs, n'étant que momentané, ne peut contribuer à donner aux formes un caractère particulier. Il en est de même de tous les autres états.

36. Cependant pour cela, comme pour toutes choses, il est quelques exceptions. Nous avons vu à Paris, il

---

moyens d'exécution, lesquels doivent varier nécessairement suivant le but qu'on se propose et la classe de la société qu'on veut instruire. Je me propose de développer plus tard cette question, et de communiquer mon travail à l'association, si elle daigne me le permettre.

y a environ deux ans, un modèle tel que les Grecs en ont, peut-être, peu rencontré d'aussi parfaits : on l'appelait, je crois, l'Hercule du Nord. Il est impossible de retrouver autre part, réunis sur le même modèle et dans une harmonie plus complète, les caractères de la force et de la légèreté. On m'a assuré qu'un de nos habiles sculpteurs l'avait pris pour modèle pour son Hercule terrassant l'Hydre.

Il eût été à désirer qu'on eût pu employer des moyens pour fixer cet homme à Paris, et pour l'attacher comme modèle à l'académie des beaux-arts. Jamais, au moins je le pense, on ne retrouvera une aussi belle occasion *.

37. Mais, si nous avons de la peine à rencontrer des modèles où le caractère de la force soit répandu également et dans une harmonie parfaite, nous avons d'un autre côté de grands dédommagemens. Nous possédons

---

* L'exemple de cet homme, au lieu d'être une exception, est au contraire une preuve en faveur des exercices gymnastiques. Cet homme pouvait être naturellement bien constitué, mais il n'a sûrement acquis cette force et cette légèreté extraordinaires qu'on admire en lui; ses formes, surtout, ne se sont sûrement développées dans une harmonie aussi complète, que par des exercices gymnastiques continus. Quand il travaille, on voit que tous les muscles de son corps prennent part à l'action. Je l'ai observé avec attention dans un moment où il se disposait à un de ses exercices les plus violens et les plus extraordinaires : il rassemblait d'avance toutes ses forces; tous ses muscles, même ceux du cou, lesquels paraissaient devoir être étrangers à cette action, étaient dans la plus violente contraction.

en France un art, qui, je le crois, n'a jamais été porté chez les Grecs au degré de perfection auquel nous le voyons arrivé de nos jours : cet art est la danse.

Jamais les Grecs, dans leurs jeux publics, n'ont pu présenter à leurs artistes des modèles plus parfaits pour l'étude de la pondération, de la souplesse et même de la grâce, que ceux qui s'offrent à nos yeux dans ces scènes admirables où tous les arts se réunissent à l'art de la danse pour varier nos plaisirs.

Nos artistes peuvent donc trouver dans cette étude de grandes ressources, et, s'ils étaient encore inférieurs aux Grecs, sous d'autres rapports, ils pourraient dire ce que disait Apelle de ses concurrens : *S'ils nous ont surpassé dans certaines parties de l'art, nous les surpassons pour la grâce.*

Voilà donc encore une compensation bien capable de nous consoler.

Du côté du ciel et du climat, les Grecs, il est vrai, avaient un avantage inappréciable sur nous; mais dans ce monde les choses sont relatives ; les Grecs d'aujourd'hui ont bien encore ces avantages : mais ils n'ont, et n'auront peut-être de long-temps des artistes pour en profiter ; à moins qu'un nouvel Alexandre n'aille un jour leur rendre, avec la liberté, leurs arts, leur génie, et y créer des Apelle, des Phidias et des Praxitèle.

38. De tous les pays où les arts sont à présent honorés et cultivés, la France, après l'Italie peut-être, est le plus heureusement située; son ciel n'est point embrasé par les chaleurs étouffantes du Midi, ni noirci par les vapeurs glacées du Nord : le climat y est tel, qu'en

toutes saisons l'artiste peut continuer ses études; il peut donc en profiter en leur donnant une bonne direction.

39. D'un autre côté, notre caractère a beaucoup d'analogie avec celui des Grecs : ils étaient vifs, spirituels, sensibles; les Français ont les mêmes qualités, il ne s'agit que de les bien employer et d'y joindre, s'il est possible, la fixité d'idées, pour empêcher ces qualités de former, dans leur ensemble, ce caractère de légèreté qu'on leur reproche, peut-être avec quelque raison. La méthode d'éducation dont il est parlé plus haut contribuerait, je le pense, à produire cet heureux effet. Dans ce qui regarde les arts, je suis convaincu que ma théorie du dessin, analogue à cette méthode, arriverait à ce but si désirable, puisqu'elle tend, ainsi que celle de M. *Pestalozzi*, à donner des objets une idée exacte et complète, en fixant l'attention des élèves sur le fond des choses, avant de les occuper de la superficie.

40. Une loi, chez les Grecs, interdisait aux esclaves l'étude des beaux-arts; ils pensaient que cette étude n'était faite que pour les âmes nobles et élevées. On pense bien que je n'ai point envie de proposer aux modernes l'établissement de cette loi, parce que les modernes, heureusement, ne connaissent point l'esclavage. Chez nous, tout le monde doit être libre d'étudier les beaux-arts; mais ce n'est pas la loi elle-même qu'il faut considérer, c'est son esprit et son but.

41. Les Grecs, par cette loi, voulaient conserver l'honneur d'une science qui ne peut être faite pour des

âmes communes; ils pensaient que, du moment où elle serait prodiguée, elle perdrait de sa dignité, et dégénèrerait en s'étendant en superficie; ils prouvaient par là combien ils étaient pénétrés de l'étendue et de l'élévation des connaissances nécessaires à l'étude des beaux-arts.

42. C'est donc dans ce sens que nous devons considérer cette loi, et en appliquer l'esprit aux institutions modernes; pour cela, il faudrait d'abord signaler les abus, présenter les moyens d'y remédier, et, par conséquent, ceux de rendre aux beaux-arts leur lustre et leur dignité.

Cette recherche m'entraînerait trop loin de mon objet; j'aurai d'ailleurs l'occasion d'y revenir.

43. Le but principal de cet ouvrage étant la recherche de la méthode suivie par les Grecs pour l'étude du dessin, c'est par-là que nous devons commencer.

Les modernes, comme les Grecs, ont bien senti que cette étude était la partie fondamentale et la plus essentielle des beaux-arts, qui s'exercent et se perfectionnent par l'emploi et la combinaison des facultés morales et physiques de l'homme, savoir, la peinture, la sculpture et l'architecture, lesquelles ont une liaison intime avec deux autres arts, la poésie et la musique, au moyen de l'harmonie qu'on peut regarder comme la base générale des beaux-arts, dont l'origine commune est l'imagination.

44. Mais les modernes, quoiqu'ils aient apprécié comme les Grecs l'importance de l'étude du dessin,

ont-ils suivi la même marche? nous sommes fondés à en douter. En ne considérant que les résultats particuliers de la méthode moderne, on risquerait de s'égarer, parce que l'on ne doit rien juger sur les exceptions. C'est sur un point de vue général qu'on doit juger les choses, quand l'on veut découvrir la vérité. Si tel ou tel peintre est arrivé à la perfection par une méthode, cela ne veut point dire que la méthode soit bonne; cela veut dire seulement qu'il est des génies privilégiés, capables de franchir tous les obstacles, et de découvrir d'eux-mêmes la route qu'ils doivent suivre. Certainement si Raphaël n'eût suivi que celle que lui avait tracée *le Pérugin*, nous serions privés du plaisir d'admirer ses chefs-d'œuvre.

45. Quand il s'agit d'adopter une méthode d'enseignement, elle doit avoir un but général, elle doit s'attacher à développer dans tous les élèves les germes du talent dont ils sont susceptibles. Si parmi ces élèves, il s'en trouve un ou plusieurs, faits pour agrandir le domaine des arts, ils arriveront d'autant plus promptement et facilement au but, qu'on leur aura aplani la route pour y arriver. Pour cela il faut envisager l'étude du dessin comme l'envisageaient probablement les Grecs, comme une étude dépendante des facultés morales et physiques.

46. La meilleure méthode sera donc celle qui disposera de ces facultés, d'après la combinaison la plus convenable.

Celle qui accorderait trop aux facultés morales, égarerait autant que celle qui ne s'attacherait qu'aux facultés physiques.

La première ne pourrait produire que des fantômes et des chimères, en s'égarant dans le vague des abstractions. La seconde ne pourrait avoir que des résultats grossiers, comme son origine, et ne produirait que des ouvriers et non des artistes.

47. Pour reconnaître la part que chacune des facultés de l'homme doit avoir dans les ouvrages de l'art, il faut, je crois, avant tout, examiner les rapports de l'âme avec les sens et la matière, et comment s'établit la communication entre des objets composés d'élémens hétérogènes.

48. Parmi les qualités qui distinguent les beaux-arts et établissent la ligne de démarcation qui les sépare des arts mécaniques, la plus belle est, sans nul doute, l'imagination.

49. L'imagination tient entièrement à l'âme et en est l'émanation; cette émanation est plus ou moins pure, suivant l'état de l'âme où elle prend sa source.

Pour que l'imagination soit pure et élevée, il faut donc que l'âme soit inspirée par tout ce que la morale a de plus pur et de plus élevé : dans cet état, l'imagination concevra de belles choses, mais ne pourra encore rien produire de réel, si elle ne les transmet à un agent secondaire, capable de lui obéir.

50. Cet agent est l'esprit; pour qu'il puisse obéir à l'imagination, il faut qu'il y soit disposé par la culture; il faut que la science positive lui ait donné toute l'aptitude nécessaire pour recevoir les impressions de l'âme

et de l'imagination. Ces impressions doivent, avant d'aller plus loin, subir une épuration, en passant par l'esprit; s'il est trop opaque, ces impressions viennent en vain se heurter contre lui; elles s'arrêtent là, et ne produisent au dehors aucun effet; s'il est trop subtil, elles passent trop rapidement, et se dissipent comme une vapeur légère, qui devient alors inutile, et quelquefois nuisible, en causant des ravages par la vivacité de son explosion.

51. C'est le juste milieu entre ces deux extrêmes qui constitue le bon esprit, qu'on pourrait appeler le jugement; car l'opération de l'esprit est, dans ce cas, de juger la qualité des impressions émanées de l'imagination.

52. Cet agent (l'esprit) a lui-même à ses ordres d'autres agens, lesquels doivent, non-seulement lui obéir, mais encore y être disposés par des exercices qui les aient préparés à l'exécution aussi prompte qu'exacte de ces ordres: ces agens sont les sens; ils tiennent, pour ainsi dire, le milieu entre l'esprit et la matière. On pourrait presque dire que les sens sont eux-mêmes un composé mixte d'esprit et de matière. C'est donc par le seul intermédiaire des sens que ces deux choses entièrement étrangères peuvent avoir quelque contact.

53. Mais cet exercice doit-il être purement matériel? Non, sans doute; il doit être analogue à la composition des sens: l'esprit et la matière doivent donc avoir part égale dans cet exercice, qui, par l'action et la réaction de ces objets, finit par disposer les sens à obéir aux ordres de l'esprit.

54. Mais ces agens, ces fidèles serviteurs de l'esprit n'ont-ils pas aussi à leurs ordres des agens d'un rang inférieur? Oui, sans doute; les sens ne peuvent rien exécuter par eux-mêmes; ils ne font que transmettre les ordres aux organes : ces derniers sont des esclaves qui doivent obéir passivement à tous les ordres du maître, lorsqu'ils leur sont transmis par les agens supérieurs.

Par leur composition, les organes sont à leur tour l'intermédiaire entre la matière brute et la matière animée, c'est-à-dire les sens. La matière qui les compose est capable de recevoir le mouvement; mais ce mouvement donné par les sens, est réglé par l'esprit; alors ces esclaves, derniers agens de la volonté du maître, disposent à leur tour de la matière brute, et l'emploient avec adresse pour exécuter les conceptions de l'imagination.

55. Ces raisonnemens ne paraîtront point inutiles à plusieurs de nos lecteurs, habitués à l'analyse métaphysique; ils les ont faits avant moi, et en en faisant l'application à leurs ouvrages, ils leur ont imprimé ce caractère de beauté et de perfection qui excite notre admiration. Au reste, quoique ces développemens ne fussent point nécessaires pour cette classe de lecteurs, ils les approuveront sans doute, parce qu'il importe de fixer les idées de ceux qui n'ont pas sur les arts les notions convenables. Il en est qui se croient amateurs et passent pour tels, qui, cependant, ne jugent souvent les ouvrages de l'art que par la sensation physique qu'ils leur

font éprouver ; sans remonter à la source morale, ils ne voient souvent dans ces ouvrages qu'une exécution plus ou moins parfaite.

Il en est un plus grand nombre qui, ignorant même les moyens d'exécution, ne voient dans les plus beaux ouvrages que le résultat d'une opération mécanique.

C'est pour ceux-là que j'ai cru devoir faire ces raisonnemens ; je désire, pour l'honneur des arts, qu'ils puissent ou veuillent les comprendre.

En s'en pénétrant convenablement, il leur sera facile d'assigner à chaque partie des connaissances humaines le rang qu'elle doit occuper.

Ce rang sera indiqué par les rapports, plus ou moins directs, de la science ou de l'art avec l'âme ou avec la matière.

S'il en existait une qui employât également les facultés morales et physiques de l'homme, et le mît dans le cas de disposer à son gré de tout ce qui est hors de lui, je crois qu'on pourrait lui assigner un des premiers rangs. Or, les beaux-arts se trouvent dans ce cas, et, parmi eux, la peinture serait au premier degré, parce que son domaine est le plus étendu. En suivant les mêmes raisonnemens, il sera facile d'assigner aux différens genres de la peinture le rang qui leur appartient ; ce rang sera déterminé par le nombre de connaissances nécessaires à chaque genre en particulier.

56. Je suis convaincu que c'était sous ce point de vue que les Grecs avaient envisagé les beaux arts. Quelle marche suivaient-ils dans une étude pour laquelle, je le répète, l'homme doit employer toutes ses facultés

morales et physiques ? S'occupaient-ils d'abord des facultés morales ? ou bien commençaient-ils par le développement des facultés physiques ? ou bien, enfin, employaient-ils à cette étude les unes et les autres à la fois ?

57. La première question est facile à résoudre. Quel est le résultat de l'étude des beaux-arts, c'est-à-dire, de ceux dont la base est le dessin ? C'est de produire au dehors un effet matériel, c'est-à-dire, qui puisse être aperçu par les sens, particulièrement par celui de la vue. Quel serait le résultat d'une étude pour laquelle on n'emploîrait que les facultés morales ? Ce serait de ne produire que des effets analogues, c'est-à-dire, immatériels, et ne pouvant, par conséquent, être aperçus par les sens. Cette étude ne conduirait donc qu'à des abstractions que l'esprit seul pourrait concevoir, et ne produirait au dehors aucun effet sensible.

58. Si une méthode n'était point établie depuis longtemps, si je n'avais pas à lutter contre de vieilles habitudes, dirai-je des préjugés, la seconde question serait aussi facile à résoudre : il me suffirait de reporter l'attention de mes lecteurs sur les raisonnemens précédens. Par les rapports établis entre l'esprit et la matière, on y verrait qu'il est impossible à un organe, à la main, par exemple, de rien exécuter par elle-même : c'est un aveugle qui a besoin d'un guide, ce guide est l'œil ; mais l'œil lui-même a besoin de la direction de l'esprit pour juger et comparer les objets. La solution de la troisième question va se lier avec celle-ci, et lui servira de complément.

59. J'ai demandé si les Grecs employaient à l'étude des beaux-arts toutes les facultés morales et physiques à la fois ; à cela je répondrai oui et non. Cette réponse paraîtra d'abord bien vague ; mais il ne s'agit que de s'entendre : j'ai dit oui, dans un sens général, en considérant l'étude dans son ensemble ; j'ai dit non, dans un sens particulier, en considérant l'étude dans ses détails.

60. Je vais m'expliquer, et, pour cela, examiner dans ses détails la méthode adoptée par les Grecs pour l'étude des beaux-arts, telle au moins que je la conçois. Puisse mon intime conviction se communiquer à mes lecteurs !

61. Je crois que les Grecs n'employaient pas d'abord, et à la fois, toutes les facultés morales et physiques de l'homme pour l'étude du dessin ; ils attendaient pour cela le moment où les diverses parties qui constituent l'homme au physique et au moral, avaient acquis leur développement, et s'étaient perfectionnées par l'éducation convenable à chacune d'elles.

C'est donc par cette éducation qu'ils devaient commencer ; et, pour cela, ils devaient considérer d'abord la faculté de chaque partie constitutive de l'homme, et ce dont elle est capable par sa nature, ensuite le but de cette éducation, dont la marche devait être progressive et proportionnelle.

62. Dans l'art du dessin, la main, considérée comme l'agent nécessaire, indispensable, devait être la première exercée. Quel était, quel pouvait être le but de cet exercice ? de lui donner la souplesse nécessaire pour agir dans tous les sens ; mais d'abord sans aucune direction

déterminée. Cet exercice ne tenait au dessin que dans l'intention du maître; il n'était réellement qu'une espèce d'exercice gymnastique, particulier à cet organe, exercice auquel l'esprit ne prenait aucune part, et les sens une très-petite.

63. Pour donner aux mouvemens de cet organe une direction déterminée, il fallait le secours du sens de la vue; on devait donc alors exercer cette dernière, pour la mettre en état de diriger ces mouvemens. L'esprit prenait sans doute très-peu de part à cet exercice; mais encore fallait-il qu'il intervînt assez pour donner au sens de la vue la faculté de diriger le mouvement de la main.

Dans cet exercice, auquel la main prenait le plus de part, mais où le sens de la vue intervenait comme surveillant, et l'esprit comme directeur, le surveillant et le directeur étant eux-mêmes aux premiers élémens de leur éducation, l'exercice devait être proportionné à leur faiblesse; il ne devait donc lui-même se composer que des élémens les plus simples.

La première direction communiquée à la main devait être alors la plus simple possible; par conséquent ce devrait être la ligne droite, considérée comme l'extension du point mathématique dans une direction quelconque, mais arrivant à un autre point indéterminé par le chemin le plus court. Quelque direction que prît la ligne, pourvu qu'elle fût droite, on n'en demandait pas davantage à l'élève; il n'y avait dans cette opération aucune combinaison à établir; l'esprit y prenait très-peu de part, l'œil seul guidait le mouvement de la main.

64. Le troisième exercice devait être de donner à cette ligne une direction déterminée, soit qu'elle se dirigeât sur un point donné, soit qu'elle eût des rapports avec une autre ligne réelle, ou imaginaire, comme celle que forme l'horizon. Dans le premier cas, la vue s'exerçait en établissant des rapports entre deux points donnés, et la main s'habituait à obéir à l'œil, pour rendre sensibles ces rapports, en traçant leur ligne de communication. Dans le second cas, l'esprit était obligé de concevoir une ligne idéale, et prêtait son secours au sens de la vue, pour établir une comparaison entre cette ligne et celle que la main devait tracer.

Cette ligne, quoique la plus simple, était la plus importante, comme devant servir de base à tout l'édifice de l'éducation de l'artiste, lequel devait s'y arrêter jusqu'à ce qu'il fût en état de l'exécuter parfaitement.

65. L'exercice qui succédait à celui-là, devait être d'élever et d'abaisser une ligne perpendiculaire sur un point donné de la ligne horizontale. Par cet exercice, la main s'habituait à un autre mouvement, ce mouvement donnait à l'œil l'occasion d'établir de nouvelles comparaisons; l'esprit se développait par des combinaisons plus compliquées que dans l'exercice précédent. Le résultat de cette opération était de donner à l'élève, outre les moyens de tracer cette ligne aussi importante que la précédente, la première idée des angles. L'angle droit, résultant de cette opération, devait servir de base ou de point de comparaison à tous les autres angles, comme la ligne horizontale devait servir de base à toutes les autres lignes, et comme enfin la ligne droite devait

servir de base et de point de comparaison à toutes les lignes complexes, de quelque nature qu'elles pussent être.

66. Le cinquième exercice était sûrement d'établir sur les deux lignes précédentes, d'abord des distances égales entre elles, ensuite des distances proportionnelles, toujours en commençant par les divisions les plus simples, les paires, ensuite les impaires. Dans cette opération, l'exercice de la main se réduisait à l'opération la plus simple, à indiquer par un point les divisions que l'œil observait, que l'esprit combinait. Le résultat de cet exercice était donc un des plus importans pour le sens de la vue, puisqu'il la disposait à juger les distances des objets, et à connaître les rapports de ces objets entre eux, c'est-à-dire les *proportions*.

67. C'était le moment de faire sentir aux élèves l'importance des exercices précédens, et de ceux qui devaient les suivre. On devait leur faire comprendre que du résultat de ces exercices dépendaient leurs progrès dans les arts. Pour les encourager, on devait exposer à leurs regards les chefs-d'œuvre des grands artistes, et leur faire envisager la gloire qui les attendait, si, constans et appliqués, ils surmontaient les dégoûts de cette première étude qui paraît d'abord monotone, mais devient de jour en jour plus attrayante, à mesure qu'on avance dans une route, qui, d'abord sèche et aride, ensuite parsemée de ronces et d'épines, finit par être couverte de myrtes et de roses, et conduit enfin au temple de l'immortalité.

68. Si l'élève fléchissait à cette épreuve, si l'idée de

la gloire n'avait pas sur lui assez d'empire pour lui faire surmonter l'aridité des élémens d'une étude dont il était incapable d'apprécier l'importance, on devait dès lors l'engager à y renoncer.

Mais si son jeune cœur était sensible à la gloire, si son esprit, tout en envisageant l'immense étendue de la carrière, n'en était point effrayé; si enfin il était capable de sentir l'importance des premières études, et se sentait la force de résister à leur aridité, alors on passait au sixième exercice, dont les résultats, comme on va le voir, étaient déjà assez satisfaisans pour lui servir de récompense et d'encouragement.

69. On faisait donc recommencer à l'élève l'opération précédente, c'est-à-dire qu'il traçait une ligne horizontale, coupée par une ligne perpendiculaire indéfinie. De chaque côté du point de section de la perpendiculaire sur la ligne horizontale, on lui disait de marquer, à volonté, deux points également distans de ce point de section. On lui en faisait faire autant sur la perpendiculaire. L'élève examinait alors si réellement les quatre points marqués se trouvaient à égale distance du point de section; cela vérifié, il coupait la perpendiculaire par deux lignes horizontales indéfinies, passant par chacun des deux points indiqués; ensuite il coupait la ligne horizontale par deux perpendiculaires, passant par chacun des points marqués sur cette ligne.

70. Sans en être prévenu, l'élève se trouvait avoir fait une figure; son œil et son esprit pouvaient s'exercer, en comparant entre eux les quatre petits carrés enfermés dans un plus grand, dont il vérifiait par là

l'exactitude. Cela fait, on disait à l'élève de tracer deux nouvelles lignes, passant par le premier point de section, ou centre des autres points, et aboutissant aux angles opposés du carré.

71. Cette opération avait pour résultat, d'abord de prouver l'exactitude de la figure, ensuite de donner à l'élève une idée précise d'une ligne dont le nom même lui était inconnu (la diagonale); enfin, de lui donner, comme on va le voir, l'idée de la valeur exacte des différens angles. On disait alors à l'élève de marquer sur ces lignes, en dessus et en dessous du point de centre, des distances égales à celles qu'il avait marquées sur les deux premières pour former le carré. On lui donnait alors l'idée du cercle, en lui faisant tracer une ligne passant circulairement par les points de l'horizontale, de la perpendiculaire et des deux diagonales: en comparant entre elles les fractions de cercle qui se trouvaient entre chacun de ces points, l'élève parvenait à tracer cette figure aussi exactement qu'avec le compas.

72. C'était là sans doute le moment d'expliquer à l'élève la division du cercle, laquelle devait lui donner l'idée précise des noms et de la valeur des angles.

73. En supposant que les Grecs eussent alors adopté la division du cercle telle qu'elle est aujourd'hui, nous dirons que l'élève, après avoir appris que le cercle se divisait en 400 degrés, comprenait facilement que les angles formés par la ligne horizontale et la perpendiculaire, étaient des angles de 100 degrés, et pourquoi ils s'appelaient angles droits; il lui était aussi facile

de comprendre comment un angle formé par une ligne au-delà de la perpendiculaire, avait plus de 100 degrés, et pourquoi on l'appelait angle obtus; comment aussi l'angle formé par une ligne en-deçà de la perpendiculaire, avait moins de 100 degrés, et pourquoi on l'appelait angle aigu.

L'élève pouvait dès lors assigner de lui-même une valeur précise à tous les angles formés par la figure qu'il venait de tracer; il y découvrait l'angle droit de 100 degrés, l'angle obtus de 150 degrés, et l'angle aigu de 50 degrés.

On pouvait encore lui faire découvrir et tracer exactement l'angle de 25 degrés, en lui faisant tracer des lignes depuis les points des diagonales, jusqu'aux points des deux lignes horizontale et perpendiculaire; on lui disait de diviser ces lignes en deux parties égales; du point milieu, on lui faisait diriger des lignes passant par le centre; ces lignes formaient alors avec leurs voisines l'angle de 25 degrés.

74. Dans cette opération, qui paraît compliquée dans son ensemble, mais extrêmement simple par la marche graduelle qu'on avait fait suivre à l'élève, non-seulement il avait déjà appris beaucoup de choses, mais il avait encore eu la satisfaction d'exercer son esprit, en faisant de lui-même des découvertes inattendues *. Non-seulement il avait la connaissance exacte

---

* 80. Un des principes fondamentaux de la méthode doit être de faire travailler l'imagination des élèves, et de leur laisser le plaisir de découvrir eux-mêmes une partie des choses

des différentes lignes, mais encore celle des angles et de plusieurs figures, telles que le carré, le parallélogramme, le triangle et le cercle; il savait aussi les noms de toutes les lignes qui ont des rapports avec ce dernier; il trouvait dans les lignes qu'il avait tracées de l'extrémité à l'autre du cercle, et passant par son centre, les diamètres, dont la moitié sont les rayons; dans les quatre côtés du carré, les tangentes; et enfin dans les petites lignes qu'il avait tracées pour trouver l'angle de 25 degrés, les cordes.

Déjà l'élève avait commencé à recueillir le fruit de sa constance. Tout en exerçant son œil et sa main, son esprit s'était développé, son âme avait déjà commencé à éprouver une sensation, celle du plaisir d'avoir fait des découvertes; et son imagination, considérée comme la réfraction des images extérieures sur le cerveau, appelé à juste titre le miroir de l'âme, son imagination, dis-je, avait déjà pris part à l'action dans cet exercice.

75. J'ai déjà dit que l'imagination était la source commune des beaux-arts, que c'était elle qui établissait la ligne de démarcation entre eux et les arts mécaniques;

---

qu'ils doivent apprendre. Cette marche a le double avantage de développer les facultés de l'élève et de lui procurer des jouissances réelles, qui le dédommagent de la sécheresse des élémens, toujours rebutans, quand ils sont présentés par un maître qui, ignorant les ressources qu'on peut tirer de l'âme, ne s'attache qu'à l'esprit, moins souvent pour développer celui des élèves que pour faire briller le sien propre.

ce ne sera donc pas me détourner de mon objet que d'expliquer le sens du mot *imagination :* cette explication est de la plus grande importance pour faciliter l'intelligence d'une méthode fondée sur les principes qui en dérivent.

Si on s'est bien pénétré des raisonnemens par lesquels j'ai déjà expliqué, au moins tel que je le conçois, le mécanisme des rapports de l'âme avec la matière, on aura vu que, dans la hiérarchie des facultés de l'homme, l'imagination occupe le second rang ; que, placée entre l'âme et l'esprit, elle communique à la première les impressions ou les images qui lui sont parvenues par les sens, et les reporte à l'esprit qui les combine, les modère et les rectifie.

76. De ces différentes opérations, plus ou moins parfaitement exécutées, résulte la différence des imaginations. Chez un homme doué d'une âme sensible, d'un esprit délié et d'un physique bien organisé, l'imagination sera vive ; mais le résultat, produit de cette vivacité, ne sera sensible qu'autant que cette imagination aura été exercée, et dépendra de la quantité d'objets ou d'images dont elle aura été frappée, ainsi que de l'ordre dans lequel ces objets se seront classés. Si cette classification s'est faite dans l'ordre convenable, l'imagination sera *vive* et *réglée;* s'il y a eu dans cette classification, outre l'ordre, un choix épuré des plus beaux objets, l'imagination sera *vive*, *réglée* et *brillante*.

77. Si aux qualités ci-dessus se joint un tempérament ardent, l'imagination sera *vive, brillante, ardente* et *réglée ;* mais si un tempérament de cette es-

pèce, même réunissant toutes les autres qualités, n'a pas mis dans l'exercice de l'imagination l'ordre convenable pour la classification des objets ou des images, alors l'imagination sera déréglée, et ce déréglement sera d'autant plus grand, que la quantité d'objets qui se seront colloqués dans le cerveau sera plus considérable.

78. L'ordre à établir dans la classification des images, est donc l'objet le plus important dans l'éducation. Pour éviter la confusion, il faut non-seulement présenter à l'imagination ces images les unes après les autres, mais encore les proportionner à la faiblesse de l'organe qui doit les recevoir et les réfléter.

C'est donc par les images les plus simples qu'il faut commencer, et ce n'est que par une graduation insensible qu'on doit arriver du simple au composé, du connu à l'inconnu.

79. Cette marche n'est pas nouvelle; elle a été, elle est encore suivie pour l'enseignement des hautes sciences. Par quelle fatalité n'a-t-elle donc pas été suivie pour celle du dessin? Aurait-on eu de cette étude une idée trop peu élevée? L'aurait-on considérée comme dépendante seulement de la perfection du sens de la vue et de la dextérité de la main? Mais alors, par quelle inconséquence a-t-on accordé aux habiles artistes anciens et modernes le titre de grands génies? Ce titre ne pourrait être accordé à des hommes qui n'auraient eu d'autre mérite que celui d'un talent mécanique et matériel.

80. D'après ce que j'ai dit plus haut, on peut se for-

mer une idée exacte de ce qu'on doit entendre par *génie*. Si dans un même sujet on trouve toutes les qualités morales et physiques réunies au plus haut degré de perfection possible ; si, à ces qualités, se joint une imagination *vive*, *brillante*, *ardente* et *réglée*, le *génie* sera au plus haut degré d'élévation possible, il sera *sublime*. Il est bien rare de trouver tout cela réuni dans un même sujet ; aussi les génies sublimes sont bien rares.

81. Il est possible à l'homme de perfectionner ce qui, de sa nature, est susceptible de perfection ; mais il est une ligne qu'il ne peut dépasser : il peut bien, au moyen d'une éducation convenable, aider le génie à se développer, mais il ne peut le créer. Ainsi la méthode d'enseignement adoptée par les Grecs, et dont j'ai fait la recherche, que je crois intimement avoir découverte, et dont je désire qu'on veuille faire l'application chez les modernes, n'avait point et ne pourra jamais avoir en vue de créer le génie ; mais de le développer, au plus haut degré possible, dans les sujets qui en sont susceptibles.

82. Pour cela, il faudra donc suivre la marche indiquée pour les six premiers exercices, il faudra que l'attention de l'élève soit continuellement soutenue et mise en action par de nouvelles études, analogues à celles qui les auront précédées. S'il m'était permis, pour un objet aussi important, d'établir une comparaison vulgaire, je dirais, que l'effet de la marche indiquée serait celui de la boule de neige, laquelle, d'un point, d'un atome, pourrait, par un mouvement égal et continu, devenir à la longue une montagne dont la cime toucherait au

firmament. J'ai dit un mouvement égal et continu, parce que, sans l'égalité du mouvement, cette boule prendrait une forme irrégulière, dont les inégalités ne lui permettraient plus de se mouvoir; et, sans la continuité, non-seulement elle n'arriverait pas au plus haut degré d'élévation, mais encore, pendant les momens de repos, elle éprouverait un affaissement qui arrêterait entièrement sa marche. Il en est de même de la méthode; elle doit tendre à un but, celui d'élever le génie de l'homme, qui en est susceptible, aussi haut qu'il puisse s'élever. Le mouvement imprimé pour cela à toutes ses facultés morales et physiques, doit donc être égal et continu.

D'après les détails dans lesquels je suis entré relativement au sixième exercice, je crois inutile de m'étendre autant sur les exercices suivans, dont, au reste, je donnerai plus loin une idée générale, dans le cours d'étude qui doit être suivi pour la méthode à adopter. Il me suffira de dire que par le résultat de ce sixième exercice on peut juger de son importance, de celle des exercices précédens, et deviner la marche suivie par les Grecs pour les exercices subséquens, lesquels n'étaient toujours qu'une conséquence et un dérivé des mêmes principes.

83. Suivant ces principes, continuant toujours de marcher du plus simple au plus composé, l'élève, appuyé sur une base unique, mais aussi solide qu'immuable, calculant d'après elle les angles, les distances et les proportions, arrivait à dessiner parfaitement : 1°. les figures géométriques les plus indispensables pour cette étude; 2°. le contour et le plan géométral de tous les objets,

suivant leur dimension réelle; 3°. les contours de tous les objets visibles et inanimés, ouvrages de l'art ou de la nature, suivant les règles de la vision, c'est-à-dire, de la perspective linéaire, apprise et exécutée, ainsi que les objets eux-mêmes, sans autre règle ni compas qu'un œil et une main exercés, et un esprit cultivé par la connaissance positive des choses; 4°. le clair-obscur, par l'application de la théorie des ombres à ces mêmes objets, étudié suivant les principes, et observé sur la nature même.

84. Quand l'élève, constant dans ces études, était parvenu à l'exécution aussi prompte que juste des objets désignés dans les quatre degrés précédens; quand on était convaincu, par ces épreuves, de ses dispositions et de sa vocation; quand, ce qui était facile à juger, on pensait que réellement il pouvait suivre une étude bien plus compliquée que les précédentes, alors, on lui permettait d'étudier la structure, les proportions, les formes et les mouvemens des corps animés, de l'homme particulièrement.

Si je n'avais à m'adresser qu'aux habiles artistes, l'ordre que j'ai suivi dans la nomenclature précédente suffirait pour faire pressentir l'ordre et la marche que je crois avoir été suivis par les Grecs, pour l'étude du corps humain. Si, dis-je, cet ouvrage n'était point fait pour les jeunes gens et surtout pour leurs parens, bien plus que pour ces artistes, qui n'ont certainement pas besoin de mes idées, ni de ma méthode, je m'arrêterais ici; ce que j'ai déjà dit suffirait, je le répète, pour leur faire concevoir ce qui me reste à dire; mais mon but est de porter la conviction dans l'esprit des hommes qui, sans avoir étudié les arts, les aiment, parce qu'ils aiment ce qui est beau, et surtout ce qui peut contribuer au bien général de la société et à la gloire de la patrie.

Je vais donc suivre rapidement le jeune élève grec dans la carrière glorieuse des arts, suivant la méthode que je supposerai toujours avoir réellement existé.

85. Ce jeune élève, au moment où il commençait à étudier le corps humain, n'entreprenait cette étude que parce qu'il y était convenablement préparé par les études précédentes; sa main, fidèle esclave du sens de la vue, avait appris à lui obéir avec autant de promptitude que de fidélité; la vue, rectifiée elle-même par un exercice constant, ne donnait à la main que des ordres émanés d'un esprit juste et profondément pénétré de son objet; l'image exacte de cet objet était profondément gravée dans son jeune cerveau, et avait produit sur son imagination et sur son âme la plus parfaite intuition *.

---

\* Je ne puis mieux faire, pour donner l'explication la plus convenable du mot *intuition*, que de l'emprunter du mémoire de M. Amoros. La voici, telle que lui-même l'avait empruntée de M. Chavanes.

*Intuitive, intuition.* Ces mots sont dérivés du mot latin *intuitus*, qui signifie *voir, considérer de près* et jusqu'au fond. On l'emploie aujourd'hui dans le langage philosophique, pour désigner la vue du sens intérieur ou de l'âme. L'impression reçue par les sens extérieurs, et principalement par celui de la vue, se communique aussitôt à l'âme, qui acquiert par-là le sentiment, la conscience de l'objet.

Cette représentation de l'objet, saisie par l'âme, est appelée

Habitué, jusqu'à ce jour, à classer avec ordre les objets dans son imagination, l'élève s'attendait bien à suivre le même ordre dans cette étude nouvelle et bien plus compliquée, puisqu'il ne s'agissait plus, comme jusqu'alors, d'étudier la nature morte ou au moins immobile, mais de saisir dans ses mouvemens, souvent rapides, une nature mobile et animée, présentant à l'œil une variété de formes aussi infinies que le nombre des mouvemens et des différens points de vue sous lesquels on peut l'apercevoir.

86. L'élève, pénétré d'avance de la difficulté de cette étude, quoique impatient d'arriver au but, était bien déterminé à se régler sur les conseils d'un maître, dont jusqu'alors il avait éprouvé la sagesse. Il n'était point rebuté de se voir encore obligé de ne tracer d'abord que des lignes, pour indiquer, dans la charpente du corps humain, les attaches, les proportions, les mouvemens, et enfin les formes de cette charpente.

---

*intuition.* Elle peut devenir telle, que l'homme, à l'aide de l'imagination et de la mémoire, jouit de la vue de tous les objets dont son œil lui a transmis la sensation distincte, lors même qu'ils ne frappent plus ce dernier, et cela aussi vivement que s'ils lui étaient toujours présens.

Une instruction *intuitive* est donc celle qui fait toucher à l'enfant, au doigt et à l'œil, ce qu'on lui enseigne, même les vérités les plus compliquées. Il faut ici qu'il puisse *voir dans ses yeux* l'évidence, qu'il puisse, pour ainsi dire, *la palper*. On comprend aisément que, si l'on peut trouver le moyen de parvenir à un tel résultat, la marche de l'enfant sera nécessairement la plus *sûre* et la plus *heureuse possible*.

87. Combien de plaisir cet élève devait-il éprouver, quand, apercevant le résultat de cette étude, il était parvenu à pouvoir, suivant les proportions, et d'après les lois de la perspective, disposer à son gré de cette charpente et lui donner tous les mouvemens suivant les règles de la pondération!

88. Il lui était facile de reconnaître sur cette charpente, dont la structure lui était devenue familière, les attaches des muscles, et ensuite les noms, les proportions, les formes, et l'action de ces mêmes muscles.

89. Cette étude, considérée dans son ensemble, paraît d'abord compliquée; mais elle devenait extrêmement simple et facile pour l'élève, s'il était bien imbu de l'étude précédente, si surtout elle était dirigée avec le même ordre.

Effectivement, en étudiant la charpente du corps humain, l'élève s'était bien pénétré des différens mouvemens de cette charpente; ayant une connaissance précise de la nature du mouvement simple ou composé de chaque partie, il lui était facile de deviner le nombre et la direction des moteurs nécessaires pour leur donner ce mouvement simple ou composé : il devait même deviner la force et l'étendue de ces moteurs, d'après la force ou l'étendue des différentes parties de la charpente osseuse.

90. Le maître, en expliquant cette charpente et les lois de la pondération, avait sûrement saisi cette occasion pour inculquer dans l'esprit de l'élève les règles les plus essentielles de la mécanique. L'élève savait donc d'avance qu'un mouvement simple exige deux

moteurs, d'action et de réaction, un fléchisseur et un extenseur, ou bien un élévateur et un abaisseur. Il savait aussi qu'un mouvement, composé de trois ou quatre mouvemens, pouvait produire l'effet de la rotation; que par conséquent, pour opérer ce mouvement, il fallait trois ou quatre moteurs dont les attaches fussent opposées entre elles.

91. L'élève, pénétré de ces vérités fondamentales, en prenant chaque partie séparément et avec l'ordre convenable, apprenait donc facilement le nom et le nombre des muscles ou moteurs de chaque partie; son esprit les avait, pour ainsi dire, devinés; son œil en fixait la place, et sa main obéissante en traçait rapidement les formes : je dis rapidement, parce que le moment n'était pas encore venu de rechercher la force, la délicatesse, ou l'élégance de ces formes, suivant l'âge, le sexe et la qualité des individus, et suivant les différens mouvemens qui changent les formes de ces muscles par la tension ou le gonflement.

92. L'individu qui lui servait de modèle dans ce moment, devait être dans l'âge viril, intermédiaire entre celui où les formes des muscles ne sont encore, pour ainsi dire, qu'indiquées, et celui où elles sont trop prononcées ou déformées, c'est-à-dire, entre l'enfance ou l'adolescence, et la vieillesse ou la décrépitude. Le modèle devait, en outre, être étudié dans l'état de repos, par les raisons ci-dessus indiquées, et par une conséquence naturelle du même principe *de marcher du simple au composé*, principe dont on ne peut ni ne doit s'écarter dans tout le cours de l'éducation.

93. Avant de conduire l'élève plus loin, le maître devait lui démontrer et lui faire exécuter, d'une manière exacte et précise, la différence existante entre l'homme et la femme, supposés du même âge, soit pour les parties de la charpente osseuse, soit pour celles du système musculaire, qui présentent une différence générale et marquée entre les deux sexes : cette différence devait être envisagée sous le rapport des proportions et sous celui des formes.

94. A cette époque, le maître devait être en état de juger des dispositions réelles de l'élève. Si son esprit saisissait avec avidité toutes les nouvelles connaissances dont on cherchait à meubler son imagination ; si cette dernière recevait facilement les impressions des objets, et les classait avec l'ordre que le maître avait établi ; si son organisation physique était telle, que son œil pût apprécier avec justesse les proportions des objets, et que sa main exécutât avec précision et légèreté les contours de ces objets; si, d'un autre côté, le maître avait observé dans l'élève un grand amour des arts et de la gloire, une patience à toute épreuve, et enfin cet esprit observateur qui ne laisse rien échapper et annonce un génie fait, non-seulement pour copier la nature, mais encore pour la créer et l'embellir ; alors, et seulement dans ce cas, le maître devait continuer ses leçons : dans le cas contraire, il ne devait point hésiter à l'engager à renoncer à une carrière trop étendue pour ses facultés.

95. Le maître pouvait cependant présenter à son élève des consolations; tout en lui faisant sentir que

le génie est un don particulier du ciel, accordé à bien peu de mortels, il lui faisait entrevoir qu'il pouvait employer utilement, pour lui et sa patrie, les leçons qu'il avait jusqu'alors reçues, en en faisant l'application à des arts moins élevés, il est vrai, mais par lesquels on peut encore arriver à la gloire, ou au moins à la fortune.

Tous les Grecs n'étaient point des Spartiates; dans plusieurs parties de la Grèce, particulièrement à Athènes, le luxe était porté au plus haut degré; par conséquent, l'élève qui n'était point doué du génie nécessaire pour arriver à la perfection dans les beaux-arts, s'il avait profité des leçons précédentes, en savait assez pour se rendre utile et même pour briller dans les arts secondaires : il pouvait en faire l'application à un art, qui, moins perfectionné que chez les modernes, exigeait par conséquent une plus grande combinaison de moyens.

96. Cet art est celui de la guerre : l'invention de la poudre et de l'artillerie a simplifié, chez les modernes, les moyens d'attaque et de défense; les anciens, pour y suppléer, avaient donc recours à mille moyens qui sont devenus inutiles pour nous. Si Archimède n'eût été que géomètre, s'il n'eût pu dessiner lui-même les modèles des machines ingénieuses qu'il avait imaginées, elles n'eussent pu être exécutées par des artisans, incapables de comprendre une description de ces machines, si exacte qu'elle pût être. Il en était de même des autres arts, enfans du luxe et de la richesse.

97. On verra dans l'article de mon cours d'études, correspondant à celui-ci, que, sous ce rapport, notre

siècle et notre pays présentent encore plus de ressources aux artistes du second ordre, que le siècle de Périclès et la Grèce antique; qu'ainsi, si tous ne sont point appelés par la nature à être au premier rang dans les beaux-arts, tous au moins, sauf quelques exceptions, peuvent, avec de l'application et une étude bien dirigée, briller encore dans les arts du second ordre, et même profiter des études précédentes pour se distinguer dans des sciences auxquelles on peut en faire l'application; et le nombre en est considérable, comme on le verra plus loin.

Cet ouvrage n'étant point un traité, mais seulement un aperçu sur l'étude des beaux-arts; n'étant, dis-je, que le préliminaire d'un traité pour la confection duquel il me faudrait le travail de plusieurs années, de grands moyens, et la coopération des plus habiles artistes et des savans: j'aurais dû, peut-être, m'arrêter ici; mais je n'ai pu résister au plaisir de suivre mon élève grec jusqu'au bout de sa carrière, ni à celui de voir sortir de son ciseau ou de ses pinceaux, un Apollon ou bien une Vénus, aussi parfaits que les chefs-d'œuvre de Phidias ou d'Apelle. Je vais donc le reprendre au point où je l'avais laissé.

98. Cet élève était doué de toutes les qualités qui constituent le génie, et disposé à vaincre tous les obstacles pour arriver à un but encore bien éloigné, mais qu'il était déjà capable d'entrevoir, et qu'il contemplait avec volupté; le maître, animé par l'espoir et le plaisir de créer, pour ainsi dire, un grand homme, s'attachait à développer son génie, et lui continuait ses savantes leçons.

L'élève avait étudié, savait et dessinait exactement les proportions, les mouvemens, et les formes générales de toutes les parties qui constituent l'homme physique, dans l'état de repos et dans l'âge viril; il savait et indiquait avec précision les différences existant entre les deux sexes, considérés dans le même âge * et dans le même état (le repos).

99. Bien pénétré de la connaissance de l'ensemble des différentes parties, l'élève devait passer aux détails. Par une marche bien différente de celle adoptée de nos jours, c'était seulement alors qu'il commençait à dessiner des yeux, vus et considérés sous tous les aspects, et d'après tous les mouvemens dont ils sont susceptibles. Il en faisait autant de toutes les parties de détail qui forment la tête de l'homme. Cette étude lui était facile, parce qu'il était bien pénétré des règles de la perspective (adaptée à un seul objet), et qu'il avait la connaissance exacte de l'anatomie et des proportions.

---

* Quand je dis dans le *même âge*, on doit supposer que cela ne peut s'entendre que dans un *âge proportionnel*. Si on avait à choisir deux modèles de deux sexes différens, pour établir des comparaisons, il faudrait que celui de l'homme eût au moins cinq ans de plus que celui de la femme. Pour prendre par conséquent le terme moyen des âges, tel que je l'ai déjà indiqué, le modèle de l'homme devrait avoir vingt-cinq ans, et celui de la femme vingt ans.

Je n'ai pas besoin, je crois, de m'expliquer sur les motifs de cette différence d'âge, nécessaire pour établir une comparaison convenable entre les deux sexes; plusieurs de mes lecteurs m'ont sûrement devancé dans la réflexion insérée dans cette note.

100. A cette étude des détails de la tête, succédait celle de l'ensemble, considéré de même sous tous les points de vue, et dans tous ses mouvemens.

101. On passait ensuite en revue et en détail toutes les parties du corps, et enfin l'élève finissait par dessiner et étudier ce que, depuis, nous avons appelé l'*académie*, c'est-à-dire, l'ensemble du corps humain, sans s'attacher à autre chose, pour le moment, qu'à rendre avec le plus de précision et de netteté possibles, les formes telles qu'il les voyait dans la nature.

102. On employait encore pour cette étude l'esprit d'ordre et de méthode suivi jusqu'à ce moment. L'élève devait passer des traits simples, formant les contours extérieurs, aux traits composés, formant les contours intérieurs, et finissait par appliquer à l'ensemble les règles du clair-obscur, sur lequel il s'était déjà exercé dans les études précédentes, et dont il avait depuis long-temps une connaissance parfaite, au moins dans ses rapports avec un seul objet.

103. L'*académie*, alternativement masculine et féminine, d'un âge proportionnel, était ensuite étudiée successivement dans tous les mouvemens et sous tous les points de vue possibles. Les études précédentes, particulièrement celle de la pondération, appliquée à la charpente osseuse, devaient donner à l'élève une grande facilité pour l'étude actuelle. Il n'avait plus, pour ainsi dire, qu'à reconnaître les changemens opérés dans les formes extérieures, par le gonflement ou la tension des muscles dans leur état d'action ou d'inaction, suivant les mouvemens de son modèle.

104. Jusqu'à ce jour, l'élève n'avait encore étudié le corps humain que d'après un modèle d'un âge déterminé (l'âge viril); il fallait donc passer à une autre étude bien importante, celle de connaître et d'exprimer les différences de proportions et de formes existant entre les différens âges de la vie. Le moins qu'il pût et dût étudier était trois degrés au-dessous et au-dessus de l'âge viril, alternant toujours l'étude entre les deux sexes, commençant par le degré le plus rapproché de l'âge qui avait été la base de son étude, et suivant toujours la même marche d'étudier les proportions et les mouvemens sur la charpente osseuse, et ensuite les formes sur l'enveloppe extérieure.

105. Mais si l'âge et les mouvemens généraux du corps humain occasionent des différences et des changemens dans ces formes, si ces différences et ces changemens doivent être étudiés avec soin, il en est d'autres d'une bien grande importance, en ce qu'ils constituent une des parties morales les plus élevées de la peinture; telle est l'étude des mouvemens occasionés dans les muscles de l'homme, particulièrement dans ceux de sa figure, par les passions.

Au moyen de cette étude, le peintre et le sculpteur peuvent donner l'âme ou la vie à la toile ou au marbre; ils peuvent faire passer dans l'âme du spectateur les impressions exprimées dans leurs tableaux ou dans leurs statues; ils peuvent exciter dans son cœur les sentimens de l'amour, de la terreur, de la pitié, etc....; ils peuvent enfin, comme les poëtes et les musiciens, émouvoir l'âme par le charme de l'harmonie, laquelle, même dans un tableau, ne consiste pas seulement dans le coloris*.

106. Au reste, je suis convaincu que, chez les Grecs, les élèves ne s'occupaient de cette étude, que quand, leurs organes et leurs sens s'étant développés, ils pouvaient eux-mêmes connaître et sentir les différentes passions. Constans dans leur marche et dans leur méthode, qui, je le répète, étaient fondées sur

---

* Bien des gens ne pourront comprendre comment on peut trouver de l'harmonie autre part que dans des sons et dans des couleurs. J'espère avoir l'occasion de leur démontrer, non-seulement qu'il peut y avoir de l'harmonie dans un tableau sans couleurs et dans une statue, mais encore, que toute statue où il n'y a pas d'harmonie est mauvaise. Il y a harmonie entre l'expression et les formes de tout le corps, même des doigts du pied du Laocoon et la tête de cette sublime statue, et il n'y a pas d'harmonie entre cette tête et le bras restauré par les modernes. On pourrait en dire autant de la Vénus de Médicis. Ces doigts roides, secs et grêles, sont loin d'être en harmonie avec la morbidesse, la souplesse et la grâce du reste de cette statue. En se pénétrant bien du sens du mot harmonie, on verrait aussi qu'il peut et doit y avoir de l'harmonie dans un morceau d'architecture, comme dans bien d'autres objets matériels ou immatériels..... Je craindrais de me laisser entraîner à une discussion politique trop étendue, en faisant l'application de ce principe à notre position actuelle; je me contenterai donc de dire qu'il est à désirer que chacun, de quelque parti qu'il soit, sous quelque bannière qu'il ait marché, veuille comprendre le vrai sens du mot harmonie, et soit disposé à tous les sacrifices moraux pour la rétablir en France, en se réunissant de cœur et d'âme avec notre auguste et bien-aimé souverain, avec le père de la patrie.

la plus parfaite *intuition*, ces maîtres aussi habiles que savans se seraient bien gardés, pour un objet aussi important, de s'écarter de cette marche, dictée par la sagesse et la raison. Ils se seraient, dis-je, bien gardés de faire dessiner à leurs élèves des choses dont ils n'eussent pu se former l'idée la plus intime. Les mouvemens de la figure humaine excités par les passions, étaient donc une des dernières études; cette étude était elle-même progressive, c'est-à-dire, que ce n'était que graduellement que l'élève passait de l'étude de la figure humaine dans son état de calme parfait, jusqu'à l'altération la plus forte (la rage et le désespoir).

107. Ils suivaient, sans doute aussi, une autre graduation importante pour l'étude des passions. Considérant l'homme dans la classe moyenne de la société, dans cette classe aisée sans être riche, qui forme le terme moyen entre la classe la plus élevée et la plus infime; partant de ce point moyen, ils devaient étudier la différence d'expressions extérieures des passions dans chaque individu de l'espèce humaine, en remontant graduellement jusqu'au roi, jusqu'au Dieu même, et en descendant ensuite, aussi par progression, jusqu'à l'esclave le plus vil et le plus abruti.

Ce serait excéder les bornes de cet ouvrage que de placer ici la nomenclature et l'ordre des différentes passions : j'ai dû même glisser rapidement sur des études de la plus haute importance, me contentant d'en indiquer la marche générale; je finirai donc cette dissertation sur la méthode des Grecs, par l'objet le plus important de toute l'étude des beaux-arts, celui qui leur a donné les moyens de laisser à nous et à la postérité, je voudrais presque dire à l'immortalité, les chefs-d'œuvre que nous admirons et que nos enfans pourront encore étudier..... où aller étudier!!!!!..... dans la belle Italie!

108. Au point où nous avons laissé l'artiste grec dans son étude du dessin, il en savait sans doute assez pour imiter parfaitement la nature humaine, considérée dans son état ordinaire, telle qu'on peut la voir et l'étudier directement sur des objets isolés; il pouvait donc faire le portrait, c'est-à-dire, donner une idée exacte de chacun de ses contemporains, en employant seulement pour cette opération la peinture monochrome, c'est-à-dire, représentant l'objet au moyen d'une seule couleur éclairée ou obscurcie par le blanc ou le noir.

109. Le jeune homme prenait ensuite son parti, soit d'après son goût, soit, encore mieux, d'après l'avis du maître, qu'il devait alors quitter pour s'attacher à un autre maître qui pût le guider dans l'étude de la peinture ou de la sculpture.

110. Si l'élève, après cette épreuve, se destinait à la peinture, son nouveau maître, instruit par la même méthode, faisait suivre à l'élève la même marche et le même ordre qu'il avait suivis jusqu'à ce jour; en partant des mêmes principes, il en faisait l'application aux études subséquentes.

111. Comme il ne s'agissait plus seulement de représenter un seul objet par le moyen des lignes et du clair-obscur, mais de réunir dans un même cadre et sur différens plans plusieurs objets, il fallait d'abord que l'élève apprît à les y placer selon les règles de la pers-

pective, dont jusqu'alors il n'avait fait l'application qu'à un seul objet ou à un seul individu.

112. Alors seulement, on pouvait permettre à l'élève l'usage de la règle et du compas pour faciliter des opérations qui, par leur complication, eussent retardé ses études et employé un temps précieux destiné à des études plus importantes.

113. Pour connaître le goût des élèves et les mettre à même de se décider pour l'une ou l'autre partie de l'art, peut-être le maître les faisait-il tous modeler pendant quelque temps? J'aperçois dans cet exercice deux avantages; le premier, de mettre les élèves à même de consulter leur goût dans le choix de la peinture ou de la sculpture; le second, de donner, même à ceux qui se déterminaient pour la peinture, des moyens de faire eux-mêmes, par la suite, des modèles souvent utiles et quelquefois nécessaires pour l'ordonnance des compositions historiques.

114. A cette étude devait succéder celle de la composition dont on établissait les règles sur une base générale, l'*ordonnance*, basée elle-même sur un principe fixe, l'*unité*, applicable au temps, au lieu et à l'action. Cette unité devait aussi s'attacher par la suite à la lumière, ou pour mieux dire au ton général du tableau; mais il n'était pas temps d'en parler à l'élève, parce qu'il n'avait pas encore quitté la peinture monochrome.

115. On n'avait donc pour le moment qu'à lui faire étudier les convenances exigées par les principes ci-dessus, d'après lesquels l'élève découvrait, pour ainsi dire de lui-même, que, pour qu'il y eût *unité* d'action,

l'objet principal, je dirai le héros du tableau, devait attirer l'œil du spectateur par tous les moyens que l'art peut procurer; que tout le reste devait lui être subordonné pour les proportions, la beauté, le clair-obscur, etc., en suivant les degrés indiqués par l'importance des personnages secondaires.

116. Cet élève comprenait aussi facilement que l'*unité* de lieu consistait à bien déterminer le local où s'était passée l'action représentée dans son tableau. Il concevait que, pour cela, il ne devait placer dans ce tableau que l'architecture convenable à cette action. Il en devait être de même des productions de l'art ou de la nature, selon le pays et le lieu où la scène représentée s'était effectuée. Pour connaître et pour pouvoir représenter ces objets, il devait les avoir étudiés ou les étudier; il devait donc connaître la géographie dans son ensemble et dans ses détails; il en était de même de l'histoire, laquelle lui présentait les moyens de concevoir et de représenter fidèlement l'*unité* de temps, en n'introduisant en scène que des personnages et des costumes de la même époque *.

117. Je suppose que l'élève fût parvenu à exécuter

---

* Faute de cette étude, on a vu de grands artistes modernes commettre de grandes fautes et manquer aux convenances; on pourrait citer, entre autres, Paul Véronèse et même Rubens, lequel cependant ne pouvait prétendre cause d'ignorance, car il était et passait à juste titre pour savant dans la littérature, et même dans la politique, puisqu'il fut chargé d'ambassades et de négociations importantes.

un tableau monochrome suivant toutes les règles ci dessus, avant de passer au coloris il avait encore une étude bien importante à suivre, parce qu'elle se rattachait à l'objet le plus important de la composition. On ne pouvait encore considérer un tableau sorti de ses mains que comme une ébauche, non pas seulement parce qu'il n'était point colorié, mais parce qu'il manquait aux formes des figures composant son tableau, ces différences graduelles qui font reconnaître les différens degrés de perfection morale et physique, existant entre l'homme ordinaire, l'homme élevé, le héros et le Dieu.

118. Pour connaître ces différences et pour les faire sentir dans les figures de son tableau, il fallait que l'élève allât chercher des modèles autre part que dans la nature ordinaire, et même autre part que dans la nature humaine. Pour s'élever jusqu'à la divinité, il fallait que son âme et son esprit, se dégageant de la matière, quittassent, pour ainsi dire, leur enveloppe grossière. Cette étude devait donc être presque entièrement morale.

119. Son maître, dans l'intention de diriger ses observations, le conduisait dans les lieux publics où les Grecs s'exerçaient à la lutte, à la course, à la natation, à la danse, etc.; là, il lui faisait observer les formes dont le caractère indique la force, celles qui caractérisent spécialement la légèreté, la souplesse, la grâce, et enfin la santé la plus parfaite.

120. L'élève n'avait plus, comme auparavant, à copier servilement ce qu'il voyait dans la nature; il ne le pouvait d'ailleurs pas; les mouvemens rapides de ses mo-

dèles ne le lui eussent pas permis : son œil et son esprit devaient donc saisir rapidement les objets de ses études; son imagination devait les classer avec ordre, et sa main devait seulement tracer des lignes rapides, mais aussi exactes que simples, pour lui rappeler ses observations.

121. Comme, dès les premiers élémens du dessin, il avait appris à établir des proportions ascendantes et descendantes entre une ligne ou une forme simple ou composée, et d'autres lignes ou formes simples ou composées, à un certain nombre de degrés au-dessus ou au-dessous de cette ligne ou de cette forme primitive; comme, dis-je, au moyen de ces premiers élémens, dont il avait été habitué à faire continuellement l'application dans le cours de ses études, l'élève avait une idée profonde de l'harmonie des formes, il lui suffisait, dans l'étude dont il est question, de prendre moralement et physiquement une note de la forme ou de la combinaison des lignes caractéristiques de la force, pour que, rentré chez lui, il fût en état de tracer, d'après cette seule note, une figure qui, dans son ensemble et dans ses détails, indiquât la force. Il en était de même pour toutes les autres formes ou lignes caractérisant les autres qualités séparées.

122. Mais s'il devait réunir sur le même sujet la force et la légèreté, qualités particulières d'Hercule, et telles que nous l'admirons dans l'Hercule Farnèse, alors il fallait combiner au même degré, dans les formes particulières et générales, les lignes observées comme caractérisant ces deux qualités. Si à cette combinaison on en réunissait une autre, l'opération devenait plus

compliquée, par conséquent plus difficile. Cette difficulté augmentait à proportion du nombre des qualités réunies sur le même objet ; enfin, cet objet devenait un dieu, un Apollon par exemple, si l'artiste, au moyen des plus savantes combinaisons des lignes caractéristiques, était parvenu à réunir sur le même objet toutes les qualités qui constituent l'être parfait : telles sont, je le répète, la force, la légèreté, la souplesse, la grâce, la santé ; je ne parle pas de la beauté, parce qu'elle est le résultat de ces qualités.

123. Je pourrais m'expliquer sur la santé, parce que, chez les modernes, on n'en a peut-être pas généralement une idée précise. Bien des personnes, quand elles voient un homme gros, gras et vermeil, ont l'habitude de dire que cet homme représente la santé. Si ces personnes demandaient sur cela l'avis d'un habile médecin, peut-être leur répondrait-il que cet homme, qu'elles regardent comme le portrait de la santé, est menacé d'une attaque d'apoplexie, et sûrement, pour rectifier leurs idées, le savant physiologiste leur dirait que l'état de santé se reconnaît par un juste médium entre l'embonpoint et la maigreur ; que la fraîcheur du coloris indique effectivement la santé, mais qu'elle est subordonnée au tempérament ; qu'un bilieux, un flegmatique peuvent aussi bien se porter qu'un homme sanguin, quoique n'ayant pas d'aussi brillantes carnations. Je craindrais de me tromper en continuant à être l'interprète du savant physiologiste ; ainsi je me hasarderai à finir sa réponse d'après l'idée que je me suis formée de la santé, comme complément des autres qualités, et constituant avec

elles la beauté parfaite. Je dirai donc comme lui qu'effectivement je crois que, si la santé parfaite peut se reconnaître dans le médium entre la maigreur et l'embonpoint (dans son acception usuelle, car embonpoint devrait être lui-même le mot indiquant le médium), on peut aussi la reconnaître dans le médium entre les différens tempéramens, c'est-à-dire, dans un tempérament mixte.

124. Au reste, ce tempérament mixte, qui, réuni avec les autres qualités, forme, selon mon opinion, le type de la beauté, n'est qu'idéal : il ne se trouve jamais chez les hommes, chez qui un des tempéramens domine toujours; il doit même se trouver rarement chez les dieux de l'antiquité, puisque non-seulement ils étaient accessibles aux mêmes passions que les mortels, mais encore étaient souvent l'emblème de ces passions ou de qualités particulières dépendantes de tel ou tel tempérament.

125. Par conséquent, l'artiste devait presque toujours donner à Hercule le ton analogue au tempérament bilieux; à Bacchus, à Silène, etc., le sanguin; à Pluton et aux juges des enfers, le flegmatique; à Jupiter, un tempérament mixte, mais où le flegmatique devait dominer, à moins qu'il ne fût représenté lançant la foudre contre les Titans, ou dans ses amours passagers; alors on devait indiquer davantage le tempérament sanguin ou bilieux. Dans Apollon seul, comme le plus beau de tous les dieux, on devait retrouver le type de la beauté, ce mélange parfait des trois tempéramens, joint à toutes les qualités physiques dans un même degré.

126. Ces principes devaient être appliqués aux héros. Le tempérament qui devait dominer devait être analogue à leur caractère connu, à l'action dans laquelle on les représentait : il en devait être de même de tous les autres personnages d'une composition pittoresque.

127. L'élève grec, pénétré de tous ces principes, n'avait plus qu'à suivre l'impulsion de son génie. Le voilà arrivé au point de pouvoir composer un tableau historique suivant toutes les règles de l'art, suivant toutes les convenances. On y reconnaîtra donc facilement le dieu, le héros principal de l'action, les personnages secondaires; on reconnaîtra, non-seulement l'action, mais le temps et le lieu où l'action représentée se sera effectuée. L'âme des spectateurs sera émue par les passions des acteurs du tableau; mais il y manque encore une chose essentielle : l'illusion ne peut être complète, puisqu'il manque à ce tableau le charme du coloris, et cette harmonie qui en résulte quand il est exécuté d'une manière convenable.

128. Il faut donc s'occuper de cette dernière et importante étude. Trouverons-nous pour cela en Grèce les mêmes ressources que nous a procurées la chimie dans les temps modernes? Je ne le crois pas, parce que je suis convaincu que les Grecs étaient bien loin de nous dans cette science, ausssi belle qu'utile au genre humain.

Quoi qu'il en soit, en supposant que les Grecs n'eussent que trois couleurs, représentant les trois couleurs primitives, ils en avaient assez, aidés du blanc et du noir, pour représenter convenablement tous les objets naturels *.

129. Il ne s'agissait que d'apprendre à l'élève le résultat des combinaisons de ces trois couleurs, les modifications que ces combinaisons peuvent éprouver par le blanc, considéré comme principe de lumière, et par le noir, comme principe d'obscurité.

Si les Grecs avaient ces ressources, je les considère encore comme riches, et, sans les appauvrir, j'aurais pu aussi leur enlever le noir; car je conçois, dirai-je même je sais, parce que je l'ai éprouvé, qu'on peut s'en passer, le mélange parfait des trois couleurs pouvant faire le ton d'obscurité le plus parfait. Cependant laissons-leur le noir pour leur éviter la peine de faire ce mélange, et pour leur laisser tous leurs moyens qui paraissent bien faibles, comparés à nos richesses.

130. Qui sait au surplus si ces richesses nous ont

---

* Je prie le lecteur de se rappeler que c'est comme artiste et comme parlant à des artistes, que je n'adopte que trois couleurs primitives, comme je n'ai adopté que trois principaux tempéramens. Les physiologistes pourront, par des subdivisions, écrire des volumes sur ces derniers, comme les physiciens sur les premières; mais j'ai cru qu'il fallait partir de bases positives et claires, et ne rien compliquer pour se faire comprendre. J'ignore, au reste, jusqu'à quel point les physiologistes pourraient contredire ma définition des tempéramens. Quant aux physiciens, pour ce qui regarde les couleurs, je leur répondrais avec la palette et les pinceaux, et leur prouverais qu'au moins pour l'art de la peinture, on ne peut s'égarer en partant des principes que j'ai posés.

été bien profitables? Si nous pouvions découvrir que notre brillant coloris, pour lequel nous mettons à contribution tous les règnes de la nature et tous les pays du monde; si, dis-je, nous pouvions découvrir que notre brillant coloris, dont nous sommes si fiers, a peut-être nui à la perfection de l'art de la peinture chez les modernes, parce qu'il éblouit et distrait souvent l'artiste d'autres parties bien plus essentielles de son art, et lui donne un moyen, malheureusement trop facile, de séduire les spectateurs, qui souvent ne sont attirés vers un tableau que par l'éclat des couleurs;

131. Si enfin nous trouvions que la variété des richesses des modernes en matériaux propres à la confection des couleurs, a nui à l'harmonie dans leurs tableaux, parce que les artistes, trouvant tout faits les tons qu'ils croyaient propres à chaque objet, ont craint d'en altérer l'éclat, en les soumettant, par un mélange convenable, au ton général de leur tableau; alors nous aurions à gémir de nos richesses, parce que nous les aurions mal employées, et nous trouverions peut-être que les Grecs, plus pauvres que nous, obligés de tirer parti du peu qu'ils possédaient, arrivaient à la perfection du coloris, c'est-à-dire à l'harmonie, plus directement, par la simplicité même de leurs moyens.

132. Si je n'avais à parler qu'à nos grands artistes, je n'en dirais pas davantage sur cela, parce que non-seulement ils m'ont déjà compris, mais encore m'ont sûrement devancé dans ces idées. Plusieurs d'entre eux ont développé ces principes dans leurs tableaux, beaucoup mieux que je ne puis le faire par écrit; mais il est im-

portant de donner à tous mes lecteurs, surtout aux jeunes élèves, des idées justes d'un art qui peut aussi nous conduire à la gloire, et nous consoler d'une gloire plus éclatante, mais moins douce.

133. Pour leur donner une idée exacte du coloris, il convient donc de faire pour ce mot, comme pour tous les mots dont malheureusement on abuse, parce que le sens n'en est pas bien connu et apprécié; pour cela il faut recourir à l'analyse.

134. Nous commencerons par distinguer les couleurs du coloris, et nous dirons : il peut y avoir dans un tableau de très-belles couleurs, et il peut en même temps être très-mal colorié; on pourra dire, ce tableau est d'un très-mauvais coloris. Expliquons-nous : on peut dire et on dit souvent ; ce tableau a un coloris brillant, cet autre a un beau coloris, et ce dernier a un bon coloris.

135. Le premier titre peut être et est souvent la plus amère critique qu'on puisse faire d'un tableau ; car, parmi cent sujets historiques, il en est quatre-vingt-dix au moins auxquels un coloris brillant n'est point convenable. Tout sujet héroïque, sérieux, sévère, triste, doit être traité sur un ton analogue. Le coloris brillant ne peut donc convenir qu'à bien peu de sujets historiques, tels que triomphes, fêtes, bacchanales, etc. ; il peut convenir aussi aux tableaux de genre, particulièrement aux paysages ; encore cela dépend-il de l'heure du jour, de la clarté du ciel, et du motif du tableau, si c'est un paysage historique.

136. Un beau coloris convient à presque tous les

tableaux, en en exceptant les sujets tristes; ceux même qui doivent inspirer l'horreur ou la terreur, peuvent et doivent avoir un beau coloris, quelquefois même un éclat capable d'exciter de fortes sensations.

137. Enfin un coloris est bon, toutes les fois qu'il produit sur le spectateur l'effet qu'a voulu produire le peintre, suivant le sujet qu'il a représenté dans son tableau. Si le sujet est vif ou gai, le coloris peut et doit même être brillant; il est aussi des cas où il doit être éclatant, par exemple, dans une marche triomphale, où l'éclat de la grandeur doit être réuni à la joie la plus vive.

138. Si le sujet est noble, héroïque, sérieux, le coloris doit être beau sans être trop brillant; c'est le médium, fruit de la sagesse et de la modération, c'est le bon emploi de la richesse.

139. Si enfin le sujet d'un tableau est triste, pour qu'il puisse inspirer au spectateur le sentiment de la tristesse, le coloris ne doit être ni brillant, ni éclatant, il ne doit pas même être beau dans le sens général de ce mot. Toutes les couleurs doivent être rompues par un ton propre à inspirer la tristesse; alors il est bon, parce qu'il est suivant les règles de l'harmonie.

140. L'observation de ces règles donne cette même qualité aux autres coloris, mais il faut un sens exquis pour s'en pénétrer; les limites de cet opuscule ne me permettent point de m'étendre sur cet objet, qui, lui seul, exigerait un volume. Qu'il me suffise donc de dire que les même règles qui régissent l'étude de la musique, sont entièrement applicables au coloris; que le prisme est à la peinture ce que le diapason est à la musique; que

la peinture, comme cette dernière, a ses modes, ses clefs, c'est-à-dire, ses tons primordiaux auxquels tous les autres tons doivent être subordonnés; que, dans le coloris aussi bien que dans la musique, les oppositions produisent des effets brillans, mais qu'elles doivent être motivées par l'action principale, subordonnées au ton général, et liées entre elles par des tons intermédiaires et analogues; que les transitions brusques doivent être extrêmement rares, et ne s'employer que pour produire des effets violens; qu'enfin, dans la peinture comme dans la musique, il est possible de produire un effet dont je n'ai point parlé plus haut, celui de la douce mélancolie, ce charme des cœurs sensibles; et que cet effet ne peut être que le résultat d'une harmonie douce et suave, et d'un coloris dont l'ensemble, tout en présentant de la variété, ne renferme point d'oppositions, ni de transitions brusques, mais liées entre elles par des tons intermédiaires assez étendus pour en adoucir la sécheresse et la dureté.

141. D'après l'idée que nous pouvons nous former des Grecs, sur les chefs-d'œuvre qu'ils nous ont laissés, cette nation devait être extrêmement sensible à l'harmonie. Si, dans la musique comme dans la peinture, ils avaient moins de moyens d'exécution que les modernes, cela ne les a peut-être pas empêchés de porter la perfection de l'harmonie à son plus haut degré. Leur génie élevé devait s'exercer à tirer tout le parti possible du peu de moyens qui étaient à leur disposition. Ils pouvaient d'autant moins abuser de ces moyens qu'ils étaient trop circonscrits pour les prodiguer.

142. Le second maître, à la fin de cette étude, avait donc conduit son élève aussi loin qu'il le pouvait conduire ; il lui avait appris le coloris et lui avait, non pas appris, mais inspiré l'harmonie : peut-être s'était-il aidé pour cette étude de celle de la musique, au moins je le crois ainsi, par le secours puissant que cette dernière peut prêter à la peinture pour l'harmonie du coloris.

143. Dorénavant, l'élève devait trouver des maîtres dans son propre génie et dans ses continuelles observations, soit d'après la nature, soit d'après les chefs-d'œuvre de l'art qui avaient mérité la couronne à ses maîtres et à ses devanciers.

144. Ce n'était sûrement pas (au moins je le pense ainsi) en copiant servilement ces chefs-d'œuvre, qu'il parvenait au même degré de perfection ; ce devait être en observant les beautés qu'il pouvait y découvrir, en en prenant des notes mentales et matérielles, mais particulières au genre de beauté qu'il avait observé, et au moyen de simples traits caractéristiques de ces beautés. Je me suis donc trompé quand j'ai dit plus haut que le coloris et l'harmonie étaient les dernières études de l'artiste ; toute sa vie devait être une étude continuelle.

145. Par la méthode que l'artiste avait suivie pour apprendre son art, son esprit avait pris l'habitude de l'observation, et sa main celle de l'obéissance à un œil perpétuellement exercé ; son imagination était meublée de toutes les beautés de l'art et de la nature ; son âme était électrisée par la gloire de ses maîtres, et stimulée par celle de ses rivaux ; l'émulation, et l'espérance d'attein-

dre les premiers et de dépasser les seconds, le conduisaient enfin au but si désiré, à la gloire de faire des ouvrages couronnés par ses contemporains, dignes de servir de modèles aux siècles futurs, et de passer ainsi que son nom à la postérité la plus reculée.

Pour ne point me détourner de mon objet, j'ai cru ne devoir m'occuper que de l'éducation de l'élève grec, qui, au moment où il quittait son maître de dessin, s'attachait à un autre guide pour l'étude de la peinture. Je n'ai point parlé de celui qui se destinait à la sculpture, pour ne pas compliquer un sujet susceptible à lui seul de grands développemens.

146. Je dirai seulement que, pour la sculpture, les Grecs avaient au moins autant de moyens d'exécution que les modernes; peut-être même avaient-ils de grands avantages sur ces derniers. Les marbres employés par eux, particulièrement celui de Paros, avaient un grain que les nôtres n'ont pas; ce grain, presque semblable aux pores de la peau, l'imitait beaucoup mieux que nos marbres, dont le poli, outre qu'il est différent du grain des carnations, produit souvent des effets de clair-obscur, ou faux, ou d'autant plus tranchés, que nos marbres sont beaucoup plus blancs que ceux de la Grèce, dont la couleur avait plus d'analogie avec celle des carnations.

147. Quoi qu'il en soit, l'habile sculpteur donnait à peu près à son élève les mêmes leçons que le peintre, à l'exception de celles qui ont rapport au coloris, au clair-obscur et à la perspective. Il n'enseignait de cette dernière que ce qui était nécessaire pour juger de l'effet

d'une statue placée dans un point de vue déterminé, et il ne lui parlait de l'harmonie que dans ses rapports avec l'homogénéité des formes.

148. Quant à la composition, si, sous bien des rapports, cette étude était moins compliquée que pour la peinture, d'un autre côté, l'élève avait à étudier toutes les combinaisons nécessaires pour qu'une statue présentât de tous les côtés et sous tous les points de vue, dans l'ensemble et dans les détails, des formes agréables et analogues au caractère du sujet représenté, tandis que le peintre n'avait, dans ses tableaux, qu'à représenter son sujet sous un seul point de vue.

149. Pour l'ordonnance et la composition des bas-reliefs, les Grecs, pensant bien qu'ils ne pouvaient, sur une surface plane et sans le secours du coloris, ou au moins de la dégradation des teintes, imiter la perspective, préféraient exprimer le sujet de la manière la plus claire et la plus simple possible. Évitant, par la même raison, les raccourcis pour conserver la grâce des figures, ils ne cherchaient point à les placer à des distances en apparence éloignées, parce que cette apparence n'eût jamais pu produire l'effet de la réalité. Je crois donc que les modernes se sont trompés, quand ils ont inféré de ces bas-reliefs que les Grecs ignoraient entièrement la perspective : les Grecs, au contraire, ont montré par ces bas-reliefs leur sagesse, en ne cherchant point à dépasser, comme nous l'avons tenté quelquefois infructueusement, les lignes du possible.

150. Je ne sais si je me suis trompé, en donnant successivement deux maîtres à l'élève grec ; mais je l'ai

avancé d'après mon intime conviction. J'ai pensé que, chez les Grecs comme chez les modernes, les grands artistes étaient trop occupés de la confection de leurs chefs-d'œuvre, pour avoir le loisir et la patience de conduire les premiers pas des élèves dans une carrière incertaine, et de leur donner des leçons inutiles, s'ils n'avaient pas pour cette carrière les dispositions convenables.

J'ai pensé, dis-je, que les maîtres ne pouvaient et ne devaient adopter ces élèves que quand, ayant reconnu chez eux de grandes dispositions, des talens réels, des moyens physiques et moraux, et enfin tout ce qui annonce le génie, ils pouvaient espérer d'en faire un jour des hommes capables de faire honneur aux arts et à leurs maîtres.

C'est d'après ces considérations que j'ai cru devoir laisser l'élève grec entre les mains du premier maître (du maître de dessin), jusqu'à ce qu'il fût convenablement préparé à entreprendre l'étude des parties les plus élevées de la peinture et de la sculpture.

151. On me dira sans doute que, chez les modernes, il sera bien difficile de trouver des maîtres de dessin capables de conduire leurs élèves aussi loin que je l'ai supposé chez les Grecs. Je crois effectivement que, dans ce moment, il s'en trouverait un bien petit nombre dans le cas de remplir cette tâche; cependant, avec la volonté d'entreprendre et la constance nécessaire pour réussir, beaucoup parviendront à se mettre dans le cas d'enseigner les arts jusqu'au degré indiqué ; mais il faudrait suivre une autre méthode que celle

adoptée jusqu'à ce jour ; il faudrait que ces maîtres voulussent prendre la peine d'étudier cette méthode avant de l'enseigner, et eussent eux-mêmes l'*intuition* la plus parfaite des choses pour la communiquer aux élèves.

152. Au surplus, qu'on ne s'effraye pas, cela n'est pas si difficile qu'on pourrait le croire d'abord ; il ne faut que de la volonté, de la constance, de l'*ordre* surtout. Sur cela, je me contenterai de rapporter le conseil de *Sertorius* à ses soldats, qui, impatiens de vaincre, voulaient attaquer en masse une armée bien supérieure en nombre. Ce général donna l'ordre à deux esclaves, l'un sain et robuste, l'autre malade et faible, d'arracher la queue d'un cheval qu'on avait amené devant son armée. Le premier, confiant dans sa vigueur, voulut arracher la queue en prenant tous les crins à la fois, et épuisa ses forces sans pouvoir y réussir; le second au contraire prenant avec patience, les uns après les autres, les crins de cette queue, parvint, en très-peu de temps et sans fatigue, à l'arracher toute entière. Il en est de même en toutes choses *, et particulièrement pour une étude aussi compliquée et aussi étendue que celle de la peinture et des autres parties des beaux-arts.

C'est donc d'après ces bases que je vais indiquer l'ensemble d'un cours d'études du dessin, tel que je le crois le plus convenable pour tirer de cette étude le

---

* Cet emblème présente un double sens dont nous devrions bien profiter ; jamais nous n'avons eu plus besoin d'en sentir toute l'importance qu'à l'époque actuelle.

meilleur parti possible, d'après une méthode utile, non-seulement sous le rapport de la perfection des beaux-arts, mais encore avantageuse aux sciences qui doivent emprunter pour leur étude le secours du dessin, enfin nécessaire à tous les états et à toutes les classes de la société, depuis le général, le prince même, jusqu'au menuisier et au serrurier.

# EXPOSÉ
## DU COURS D'ÉTUDES DU DESSIN,
### SUIVANT LA MÉTHODE PROPOSÉE.

153. Les détails dans lesquels je suis entré, en expliquant la méthode des Grecs pour l'étude des beaux-arts qui ont le dessin pour base, suivant l'idée intime que je m'en suis formée, me dispenseront d'employer, dans l'exposé de mon cours d'études du dessin, des développemens pour lesquels je ne ferais que répéter ce que j'ai déjà dit sur les différens degrés d'instruction par lesquels on faisait, en Grèce, passer un élève avant de le remettre entre les mains d'un savant et habile artiste, suivant son goût et ses dispositions pour l'une ou l'autre partie des beaux-arts.

Si j'ai suivi l'élève grec dans ses études chez son second maître, et ne l'ai quitté qu'au moment où il avait atteint le plus haut degré d'instruction, je ne l'ai fait que pour indiquer la marche générale que je crois avoir été suivie par les artistes grecs dans le cours de leurs études, et pour montrer la liaison des principes du cours de dessin avec celui de peinture ou de sculpture.

Je prie donc mes lecteurs de croire que je ne suis pas assez présomptueux pour entreprendre de mettre moi-même à exécution le projet de méthode dont j'ai donné l'idée, au-delà des limites que j'ai fixées pour le maître de dessin chez les Grecs.

Conduire un élève jusque-là, serait même de ma part une entreprise téméraire, si je n'étais convaincu que nos premiers artistes, applaudissant à mes efforts, daigneront non-seulement m'encourager, mais encore m'aider de leurs conseils, et même coopérer quelquefois par eux-mêmes à une entreprise qui peut et doit leur fournir par la suite des sujets capables de leur faire honneur, et dignes de recueillir l'héritage de leurs talens.

Les grands artistes, inaccessibles aux sentimens vulgaires et à ces petites passions qui n'appartiennent qu'à la médiocrité, ont cette noblesse de caractère qui accompagne toujours le vrai talent, et est inséparable du génie. Ils n'ont d'autre passion que l'amour des arts, et sont convaincus qu'après la gloire d'avoir fait des chefs-d'œuvre, vient celle d'avoir créé des élèves capables de les imiter, et que, si ces élèves parvenaient à les surpasser, la gloire en rejaillirait sur eux-mêmes.

Tant qu'il existera des amateurs des arts, on parlera des Carache et de leurs tableaux; mais quand on voit les ouvrages du Dominiquin, du Guide, du Guerchin, et de tous les élèves de cette savante école, on ne paye jamais à ces artistes le tribut d'admiration qui leur est dû, sans y joindre celui de la reconnaissance envers leurs dignes maîtres.

On ne verra jamais les sublimes portraits de Wan-Dyck, sans se rappeler que c'est à l'école de Rubens qu'il avait appris à le surpasser dans certaines parties de l'art; on pourrait donc dire que le talent de Wan-Dyck a ajouté une couronne de plus à la gloire de son maître.

154. Je dois, avant d'aller plus loin, prévenir quelques objections qui pourraient être faites contre l'introduction de ma méthode.

Quelques personnes, avant moi, ont déjà eu l'idée d'adapter l'étude de la géométrie à celle du dessin; mais la manière dont cette idée a été présentée, a pu faire craindre que le génie ne fût circonscrit par des lignes et des opérations géométriques. Cette crainte pouvait être fondée, parce que ceux qui voulaient établir une méthode d'après cette idée première, l'avaient peut-être trop généralisée. Le génie doit être libre et planer sans entraves; c'est même ordinairement à la hardiesse de son vol qu'on le reconnaît. On a donc eu raison d'écarter des théories qui tendaient à l'enchaîner et à le circonscrire dans les opérations mécaniques de la règle et du compas.

Mais le génie ne peut user de cette liberté que lorsqu'il est formé; il lui faut des ailes pour voler; il lui faut des yeux pour voir le but qu'il veut atteindre dans son vol. Si ses ailes ne sont pas bien assurées, s'il plane au hasard dans l'espace, il peut et il doit éprouver le sort d'Icare.

Le génie a donc besoin de guides pour diriger son

vol. Ces guides sont les principes; ils doivent être fixes, invariables et appuyés sur les bases les plus solides, sur une science exacte et positive.

Cette science est effectivement la géométrie, mais étudiée et envisagée d'une tout autre manière que celle dont on a fait usage jusqu'à ce jour. On ne doit faire connaître aux élèves que les figures géométriques les plus indispensables pour l'étude du dessin; les démonstrations doivent être les plus simples possibles, et les opérations ne doivent point être le résultat du mouvement mécanique de la règle et du compas, mais de l'adresse d'une main sûre, de l'exactitude d'un œil exercé, et des combinaisons d'un esprit éclairé.

Je l'ai déjà dit, une méthode, quelle qu'elle soit, ne pourra jamais créer le génie; elle doit tendre à le développer dans les élèves qui en sont susceptibles; elle doit, par une marche et des principes fondés sur l'instruction, donner à ceux qui réellement ont de grandes dispositions pour l'étude des beaux-arts, une facilité telle, que le génie ne soit point retenu par les obstacles que lui présentent à chaque pas le mécanisme et la partie matérielle de l'art.

L'exécution mécanique doit donc marcher d'elle-même, et, pour ainsi dire, sans que l'élève s'en aperçoive : tout doit tendre à la rendre la plus facile possible, pour que le génie ne soit pas distrait de son objet, qui doit être entièrement moral, puisqu'il prend sa source dans l'âme.

Mais, me dira-t-on, est-ce quand la capitale et les provinces sont pleines d'artistes que vous devez chercher à les multiplier par une trop malheureuse facilité, qui ne pourrait contribuer qu'à dégrader les arts, en les étendant.

155. A cela je répondrai que, par ma méthode, cette facilité ne pourrait s'acquérir, même avec de grandes dispositions, que par l'étude la plus suivie et la plus constante application; qu'elle ne pourrait donc tourner qu'au profit et à l'honneur des arts, puisque ceux seulement qui seraient doués de ces qualités, oseraient se lancer dans une carrière dont, à chaque pas, la méthode elle-même leur ferait sentir l'immense étendue.

156. Qu'on ne craigne donc pas que cette méthode multiplie le nombre déjà trop grand des apprentis artistes. Elle pourrait, il est vrai, et telle est bien mon intention, répandre généralement le goût des beaux-arts; mais, en rectifiant et perfectionnant ce goût, elle multiplierait le nombre des amateurs éclairés, capables d'apprécier les beautés réelles, et de les distinguer des beautés factices et mensongères, inventées par l'ignorance et prônées par le charlatanisme, digne soutien de la médiocrité. Elle fournirait d'ailleurs aux sciences qui ont besoin du secours du dessin, des moyens aussi sûrs que prompts de perfectionnement : ces sciences sont, entre autres, l'art militaire, la topographie, la géographie, la physiologie, la botanique, la chirurgie, et enfin toutes les sciences dépendantes de l'histoire naturelle, et pour l'étude desquelles on a besoin du sens de la vue, par conséquent du dessin, pour indiquer et classer les objets d'une manière convenable.

Cette méthode contribuerait enfin, et tel est le point

de vue général sous lequel on doit l'envisager, à la perfection des arts mécaniques, en donnant des notions positives sur ce qui doit caractériser cette perfection, laquelle doit toujours être relative, c'est-à-dire, conforme à l'utilité particulière de chaque espèce de produits des arts mécaniques.

157. Les brillans résultats de la méthode de M. Pestalozzy, appuyée sur les mêmes bases et dirigée par les mêmes principes que la mienne, l'épreuve avantageuse qui en a été faite à Madrid, le retour de l'ordre et de la paix, le goût général des Français pour les beaux-arts, tout enfin me fait espérer de réussir dans mon entreprise.

Cette espérance devient certitude sous un gouvernement paternel et réparateur, dont la sollicitude s'est étendue à l'instruction élémentaire, dans laquelle il s'est introduit des améliorations qui promettent les plus grands avantages pour l'ordre social *.

J'espère aussi l'appui de ce corps respectable, composé de l'élite des savans et des artistes distingués qui

---

* On verra plus loin que, pour être admis à l'école de dessin suivant ma méthode, on exige des élèves un degré d'instruction qu'ils ne peuvent avoir acquis qu'à l'âge de huit ou dix ans.

Malgré l'analogie qui existe entre les principes du nouveau mode d'instruction élémentaire, et ceux de ma méthode, on ne pourrait donc en faire l'application aux écoles élémentaires basées sur l'enseignement mutuel. Cependant on pourrait, je crois, enseigner aux plus habiles de la huitième classe, la par-

honorent ma patrie, de ce corps spécialement chargé du dépôt sacré de la gloire de la France, appelé à conserver nos anciens trésors, à surveiller l'emploi de nos richesses actuelles, et à en préparer de nouvelles, en agrandissant le domaine des sciences et des arts.

Non-seulement je désire obtenir l'approbation de ce corps, mais je solliciterai son intervention pour observer et constater les résultats de ma méthode, et, si l'expérience lui indiquait des changemens à faire dans sa marche et dans sa forme, je me soumettrais avec autant de plaisir que de respect à ses décisions.

Je l'avouerai franchement, sans toutes ces espérances, mon courage, quoiqu'éprouvé depuis long-temps par les épreuves morales et physiques les plus fortes et les plus multipliées, m'eût abandonné, et, malgré mon amour pour les arts et la gloire de mon pays, j'eusse renoncé à une entreprise pour laquelle je suis disposé à employer toutes mes facultés, tout ce qui est dans moi.

158. Ce qui est dans moi, c'est le désir et la volonté d'être utile à mon roi et à mon pays, c'est l'expérience que j'ai acquise sur les arts, c'est enfin le moyen moral de refaire les cahiers qui m'ont été enlevés en 1814,

---

tie des élémens du dessin qui a rapport au premier trimestre du premier cours du dessin suivant ma méthode.

Cela ne serait au reste nécessaire que dans les grandes villes où la classe ouvrière a besoin des élémens de la géométrie et du dessin, et ne serait praticable que d'après un plan tel que celui dont je me propose de faire hommage à la société formée à Paris pour l'amélioration de l'enseignement élémentaire.

et de développer personnellement ma méthode, en employant pour l'enseignement la constance et la patience dont je puis être capable.

159. Ce qui est hors de moi, c'est d'abord l'intrigue, nécessaire quelquefois pour réussir et faire valoir les choses les plus utiles à la société; c'est le moyen physique de refaire mes cahiers, pour la confection desquels j'aurais souvent besoin de matériaux qui ne sont plus à ma disposition, puisque j'ai perdu, outre mes études depuis vingt-cinq ans, tous les objets d'art que j'avais pu recueillir dans mes voyages, ainsi que les fonds nécessaires pour rendre ces cahiers publics au moyen de l'impression, ayant été ruiné par la dernière guerre; ce sont aussi les moyens pécuniaires de former l'établissement pour lequel les dépenses, quoique peu considérables, seraient à présent au-dessus de mes facultés; c'est, enfin, l'appui du gouvernement, des autorités et des savans.

Pour donner une idée de ma méthode et du cours d'études, je vais donc commencer par ce qui est hors de moi et dépend de la volonté d'autrui. On doit placer en première ligne le matériel de l'établissement.

160. Pour qu'un établissement de ce genre fût digne d'un royaume comme la France et d'une capitale comme Paris, il faudrait sans doute un local spacieux, construit d'après un plan général, ayant l'étude des beaux-arts pour objet, et disposé d'une manière convenable à l'importance d'une étude qui a pour but la gloire et la prospérité d'un grand royaume.

Si on voulait des exemples et des modèles, on en

trouverait dans un pays où nous pensons généralement, et à tort, que les arts ne sont pas appréciés.

161. Ce pays est l'Espagne; il est dans ce royaume peu de grandes villes qui n'aient une académie de dessin. Il en est une, entre autres, bien remarquable par la beauté, l'étendue et la bonne disposition du local destiné aux études du dessin.

Dans un bâtiment uniquement construit pour cet objet, douze salles très-vastes sont disposées de manière que les élèves passent successivement d'une salle à l'autre, suivant leurs progrès dans l'étude du dessin. Ces salles sont distribuées dans l'ordre suivant : six salles pour le dessin, depuis les élémens jusqu'à l'*académie*; une salle avec un amphithéâtre pour l'étude de la bosse, d'après les plus belles statues antiques, des bas-reliefs et des bustes : on peut juger de l'étendue de cette salle, puisqu'elle contient, outre l'amphithéâtre pour les élèves dessinateurs et sculpteurs, une collection nombreuse de bustes, de statues et de bas-reliefs; une autre salle avec un amphithéâtre pour l'étude du modèle vivant; une salle pour la géométrie et deux pour l'architecture; dans ces dernières sont exposés, outre des dessins, des modèles en relief des cinq ordres et de leur emploi pour l'architecture usuelle et d'apparat.

L'édifice renferme en outre de très-belles salles pour la distribution des prix, des logemens pour le directeur et les employés, et enfin une salle du conseil.

Ce conseil est composé des notables de la ville, qui s'assemblent plusieurs fois dans l'année, pour s'occuper des comptes et des choses relatives au matériel et au moral de l'établissement. Un des membres de ce conseil assiste journellement et avec la plus grande exactitude aux classes, et contribue par sa présence à encourager les élèves, et par son autorité à les maintenir dans l'ordre convenable.

Ce service, entièrement gratuit, est alternatif entre les membres du conseil ; cependant, on pourra supposer quels sont les frais de l'établissement, quand on saura qu'en tout temps les études se font à la lumière artificielle ; que chacun des élèves, dont le nombre, sans compter ceux des deux amphithéâtres et de la géométrie, s'élève au moins à trois cents, a sa lumière particulière, et qu'il y a un professeur pour chaque salle : si on ajoute à cela l'entretien du matériel, etc., etc., on verra que rien n'a été ménagé pour cet établissement, qui ferait honneur, non-seulement à une ville plus considérable que Cadix, dont la population n'est que de soixante-quinze mille âmes, mais encore à la capitale d'un grand royaume.

162. Si on me demande quels sont les résultats de ce bel établissement, et si je réponds qu'ils ne correspondent pas à son importance et aux bonnes intentions de ceux qui l'ont fondé et le dirigent, on en argumentera peut-être contre les établissemens de ce genre, parce que, dira-t-on, ils sont inutiles s'ils ne produisent pas des hommes à talens.

163. A cela je répondrai qu'il faut rechercher les causes du peu de fruit qu'on retire, à Cadix, d'un aussi bel établissement. D'abord, on eût pu, peut-être, choisir de meilleurs professeurs ; ces professeurs ont chacun

leur méthode particulière, ou, pour mieux dire, n'en ont aucune; il n'y a ni marche, ni but fixe et déterminé, soit de la part des maîtres, soit de la part des élèves, soit même de la part des administrateurs, qui n'ont pensé et ne pensent encore qu'au matériel de la chose. D'un autre côté, une population généralement livrée aux spéculations d'un commerce et à une industrie qui n'ont aucun rapport avec les arts, distraite d'ailleurs par les jouissances et les plaisirs que procure la richesse dans une ville où affluent les trésors du Nouveau Monde, ne porte à un établissement de ce genre d'autre intérêt que celui que des gens riches, qui ne sont que riches d'argent, attachent ordinairement à un objet de luxe et d'apparat.

164. Mais si dans une ville dont la population entière est portée, soit par goût, soit par intérêt, vers les arts et les sciences; dont la ressource principale est une industrie qui prend sa source dans les arts, et au moyen de laquelle elle met à contribution les pays les plus éloignés, en attirant à elle leurs trésors en échange de ses produits; si dans la capitale d'un grand royaume, si dans Paris enfin, on formait un établissement semblable à celui de Cadix, quels fruits n'en retirerait-on pas?

Un établissement de ce genre, dirigé par les premiers artistes de l'Europe, soutenu et protégé par un gouvernement éclairé, secondé par les lumières des savans du premier ordre (*si les sciences ont quelquefois besoin des arts, les arts ont aussi besoin des sciences*); un établissement, dis-je, formé d'après un plan et dirigé d'après une méthode tels qu'il devint utile à la ville de Paris, à tout le royaume, et même à toute l'Europe, serait digne de la France et de son roi.

165. Les augustes aïeux de Sa Majesté avaient montré leur goût pour les arts et leur zèle pour la gloire de la France, quand, non contens d'avoir logé nos premiers artistes dans le palais des rois, ils y avaient aussi placé le lieu des études des beaux-arts.

Les anciennes salles de l'académie de peinture étaient dignes de l'importance de leur objet et de la grandeur de la France; les maîtres et les élèves n'étaient pas comme aujourd'hui enfermés dans un antre humide et enfumé, indigne de la plus petite ville de province*.

---

* Depuis plusieurs années on a transporté les logemens d'une partie des artistes et les salles d'études de l'académie de peinture au collége des Quatre-Nations (à présent l'Institut). Ce local, fort beau dans son ensemble, n'ayant point eu d'abord cette destination, ne pouvait lui convenir qu'en y faisant des changemens. Celui qui sacrifiait des millions pour ses monumens triomphaux, n'a rien dépensé dans ce local pour y faire les dispositions convenables à son nouvel objet. Les salles d'études, non-seulement sont basses et malsaines à cause de l'humidité, mais sont incommodes pour l'étude; elles sont trop petites pour recevoir un nombre suffisant d'élèves, et encore plus pour contenir une collection des meilleures statues antiques. Celles même qui servent à l'étude de l'anatomie sont reléguées dans une espèce de trou où on ne les voit pas, et où elles se dégradent. Il n'y a point de salle pour l'étude de la bosse. On dira peut-être que le muséum des Antiques y suppléera ou y suppléait!!! Mais là, rarement les statues sont placées dans un jour convenable pour l'étude, et d'ailleurs les jeunes élèves livrés à eux-

Le moment serait mal choisi, sans doute, pour proposer de former un établissement sur un plan dispendieux. Quelle que fût son utilité, il faudrait attendre des momens plus heureux; mais il existe à Paris mille moyens de trouver sans frais un local convenable pour former l'établissement tel que je le conçois. D'ailleurs, dans le cas où ma méthode serait adoptée, le plan de cette méthode pourrait ne s'exécuter que petit à petit. Les frais de l'établissement ne se feraient donc que graduellement, au fur et à mesure qu'on pourrait se convaincre de son utilité.

166. La première, et à la rigueur la seconde année du cours d'études, une seule salle pourrait suffire. Cette salle, il est vrai, devrait être assez spacieuse pour

---

mêmes y perdent quelquefois plus qu'ils n'y gagnent. Cette étude de l'antique, indépendante, n'est bonne que pour les artistes capables d'en apprécier les beautés; les jeunes élèves ne peuvent, sans danger, l'étudier que sous la direction de leurs professeurs.

Il y a bien, au reste, dans Paris une école de dessin établie dans un local et sur un plan plus dignes d'une capitale (l'école royale gratuite de dessin, rue des Cordeliers); mais le nombre des élèves admis à la même école est trop nombreux. Ils sont obligés d'alterner pour l'étude, et de ne travailler que deux ou trois jours de la semaine pendant une couple d'heures. Il n'est pas absolument nécessaire pour ceux qui ne se destinent point aux beaux-arts, de s'occuper toute la journée du dessin; mais cette étude doit au moins être journalière, ne durât-elle qu'une heure: les élèves de l'école en question n'en peuvent donc retirer beaucoup de fruit. La classe ouvrière à laquelle elle est destinée, perd, d'un autre côté, un temps de la journée pré-

renfermer, outre un amphithéâtre capable de contenir soixante ou quatre-vingts élèves, des gradins pour des spectateurs dont le rang et la présence ne pourraient qu'encourager les élèves, et un emplacement suffisant pour les démonstrations du professeur, et les exercices particuliers des élèves.

167. Cet amphithéâtre devrait être construit et éclairé d'une manière différente que ceux usités jusqu'à ce jour. Je vais essayer d'en donner une idée ; je tâcherai d'être assez clair pour être compris par tout le monde. Quant aux habiles artistes, non-seulement ils me comprendront, mais encore ils me devineront.

168. Si je n'avais à parler qu'à ces derniers, je croirais inutile d'expliquer pourquoi l'amphithéâtre n'est

---

cieux pour son existence. Généralement, mais surtout pour cette classe, l'étude du dessin devrait avoir lieu le soir, et ne devrait point éprouver d'interruption. Il est vrai qu'alors il y aurait bien plus de frais à faire ; d'abord à cause des lumières, et parce qu'il faudrait assez d'écoles ou un local assez considérable pour instruire tous les élèves à la fois. Mais peut-on opérer le bien sans dépenses et sans peines ? et dans une ville comme Paris, et pour un objet qui intéresse aussi vivement la prospérité d'un royaume tel que la France, doit-on y regarder de si près ? En y réfléchissant, on verrait que c'est un argent bien avantageusement placé. D'ailleurs je présenterai, par ma méthode même, de grandes économies pour le matériel d'un établissement de ce genre, tout en procurant les plus grands avantages. A l'école en question les élèves restent six ans, et, suivant ma méthode, au bout de trois ans et même de deux, ils en sauraient assez pour toutes les professions mécaniques. Il y aurait donc économie de plus de moitié pour le temps et pour la dépense.

pas disposé sur une ligne parfaitement demi-circulaire, mais à pans coupés composés de trois parties, et d'un peu plus de deux demi-parties d'un octogone.

Je n'aurais pas besoin de leur dire que, suivant ma méthode, tous les élèves de l'amphithéâtre devant dessiner le même objet, il est nécessaire que ces élèves sachent d'avance, suivant la place qu'ils occupent, quel est le vrai point de vue sous lequel ils voient l'objet exposé à leurs regards, et par conséquent quelles sont les règles de perspective qu'ils doivent suivre.

Si ces élèves étaient placés sur une ligne circulaire, presque tous verraient l'objet sur un angle tel que les lignes perspectives iraient aboutir à des points accidentels : or, comme par ma méthode je cherche toujours à conduire l'élève d'une manière fixe et certaine, et en allant du simple au composé, il est nécessaire, surtout pendant les premières années, qu'il puisse se rendre un compte aussi simple que facile de ses opérations. C'est pourquoi j'ai adopté cette forme d'amphithéâtre, au moyen de laquelle les élèves ne voient les objets, un cube, par exemple, que de face ou d'angle de cinquante degrés.

Dans le premier cas, l'élève sait que les lignes horizontales restent horizontales, que les perpendiculaires vont au point de vue, et les diagonales aux points de distance. Dans le second cas il sait que l'opération de perspective est le contraire de la précédente, puisque ce sont les côtés latéraux du cube qui vont aux points de distance, tandis qu'une des diagonales va au point de vue, et l'autre reste horizontale. Cela simplifie donc pour lui des opérations qui seraient compliquées, et, ce qui est pire pour des élèves, incertaines dans un amphithéâtre ordinaire, où ils seraient toujours dans le doute de savoir au juste sous quel point de vue ils doivent considérer l'objet.

Cet objet serait d'ailleurs disposé de manière que les élèves placés dans les troisièmes banquettes le vissent en dessus, ceux des secondes, horizontalement, et ceux des premières, en dessous; de manière enfin qu'un élève pût alternativement dessiner le même objet sous différens points de vue, et d'après des règles dont il aurait une connaissance précise.

Ce que je viens de dire relativement à la perspective, n'a au reste de rapport qu'aux élèves de la seconde année, lesquels, comme on le verra plus loin, ne commenceront qu'alors à dessiner des objets d'après nature, et suivant les règles de la perspective.

Quant à la première année, cette forme d'amphithéâtre est encore plus nécessaire. Hors les deux ou trois premiers mois pendant lesquels on ne s'occuperait que de lignes et de figures géométriques, les élèves dessinant tous, le reste de l'année, d'après les mêmes modèles, et ces modèles étant placés dans le centre de l'amphithéâtre, on sent bien que, s'il était circulaire, une grande partie de ces élèves verrait le dessin sous un rayon oblique qui en dénaturerait les formes; ou, supposé qu'on plaçât dans le centre, à l'entour d'un cylindre, les dessins vis-à-vis les points correspondans dans l'amphithéâtre, il faudrait que ces dessins fussent dans un nombre suffisant pour qu'il n'y eût pas d'obliquité; alors ils seraient d'une trop petite dimension pour que les élèves les plus éloignés, ceux de la troisième banquette, pussent les bien voir, et encore moins en distinguer les détails. Au contraire, l'amphithéâtre étant composé de cinq parties d'un octogone, qu'on suppose dans le centre de cet amphithéâtre un cylindre de cinq pieds de diamètre, coupé lui-même à pans droits et parallèles à ceux de l'amphithéâtre; les élèves placés sur les banquettes correspondantes, voient le dessin qui est vis-à-vis d'eux dans une direction perpendiculaire; il ne faut alors que cinq dessins pour servir de modèles à une classe de plus de soixante élèves.

Que tous les élèves dessinent à la fois le même objet, c'est un moyen sûr de juger de leurs progrès respectifs, d'exciter l'émulation, de mettre à même le professeur de donner des leçons générales dont toute une classe, si nombreuse qu'elle soit, peut profiter, et enfin de suivre une marche uniforme et certaine pour arriver à un but fixe et déterminé. Il y a en outre en cela économie de temps et d'argent, et l'un et l'autre sont bien précieux.

Je crois donc que, d'après ces considérations, on approuvera l'idée de cette forme d'amphithéâtre dont l'éclairage est encore particulier, et qu'il serait difficile d'expliquer, même avec le secours d'un plan. Je me contenterai de dire que les lumières qui éclairent le travail des élèves, sont disposées de manière à ne pas nuire à l'éclairage particulier du modèle. Quoique pour cela j'aie adopté un plan, je crois que l'expérience m'engagera peut-être à y faire quelques changemens, soit pour l'utilité, soit pour l'économie, objets qu'on doit chercher à concilier dans tout établissement.

169. La dépense de la première année serait très-peu de chose ; elle se réduirait à la construction de l'amphithéâtre, à l'éclairage, au chauffage, aux gages d'un domestique, et à quelques autres menus frais, comme ardoises, crayons, etc. Je ne compte pas le local, lequel, comme je l'ai déjà dit, est très-facile à trouver sans frais. Pour les objets d'études, ils n'entraîneraient, pour cette première année, presque à aucune dépense ; il ne m'en coûterait que la peine d'exécuter les modèles, et peut-être, pour ménager ma vue affaiblie par un accident, les frais nécessaires pour en faire dessiner quatre copies, lesquelles ne seraient pas bien dispendieuses, attendu que ces modèles se composeraient de traits et de dessins fort simples.

Le matériel de l'établissement deviendrait un peu plus coûteux la seconde année. Ce matériel se composerait de corps géométriques, de pièces d'architecture, de vases, d'ornemens, etc, en relief. Partie de ces objets serait en bois, partie en plâtre ou en pierre. Ces modèles ne seraient pas très-coûteux ; on s'attacherait particulièrement au bon choix des formes pour former le goût des élèves : le nombre en serait d'ailleurs d'autant moins considérable qu'un seul objet servirait toujours de modèle à toute une classe, si nombreuse qu'elle pût être.

170. Quant aux professeurs, pendant les deux premières années, ils ne seraient pas nombreux, puisque je serais obligé de faire les deux classes ; mais ayant, pendant

la première année, jeté les yeux sur un ou plusieurs élèves des plus intelligens, et, d'après le désir qu'ils pourraient en manifester, je les ferais redoubler le premier cours, tout en suivant le second. Ces jeunes gens professeraient quelquefois le premier cours sous mes yeux, et, à la fin de la seconde année, on choisirait le plus habile d'entre eux pour être chargé définitivement du professorat du premier cours. La perspective de cette récompense encouragerait les élèves, qui verraient leur sort assuré par leur application. Ces jeunes professeurs, tout en saisissant l'esprit de la méthode, auraient l'espoir, en travaillant, d'arriver au professorat des classes supérieures, ou d'aller, dans nos grandes villes, diriger des écoles du même genre.

Si parmi ces jeunes professeurs, quelques-uns étaient disposés, par leur goût et leurs talens, à s'élever jusqu'à la peinture ou à la sculpture, les occupations du professorat ne les en empêcheraient pas, puisqu'elles n'emploieraient que deux heures de la journée, et quatre heures pour ceux qui, voulant passer au professorat d'une classe supérieure, s'exerceraient dans deux cours à la fois.

Si des élèves formés d'après l'ancienne méthode, ayant déjà acquis des talens, voulaient étudier l'esprit de la nouvelle pour se destiner au professorat, on leur en donnerait les moyens; je me ferais un plaisir de leur expliquer et de les faire exercer, non-seulement dans les cours publics, mais dans des conférences particulières. Ma méthode n'est point un secret que je veuille garder pour en faire mon profit; elle n'est point une spéculation d'intérêt personnel, mais d'intérêt public.

Je n'entrerai point dans le détail de ce qui serait nécessaire pour le matériel de la troisième année, ni pour les trois suivantes, destinées à l'étude spéciale du dessin pour les beaux-arts. On pourra s'en former une idée par l'explication que je vais donner du cours des études. Pour le moment, il me suffira de dire que pour les six années, c'est-à-dire pour les six cours ou classes, six salles seront nécessaires ; que ces salles, surtout celle du dernier cours, de celui où une partie des élèves devra s'exercer à modeler et l'autre à peindre ( par les raisons qu'on verra plus loin ), devront être spacieuses. Les élèves de ce dernier cours seront sans doute bien moins nombreux que ceux des cours précédens, surtout que ceux des trois premiers cours ; mais le genre de travail dont ils s'occuperont exigera beaucoup plus de place ; d'ailleurs cette dernière salle pourrait servir pour les distributions des prix, et pour les grands exercices publics.

Si par la suite je reçois de l'autorité des ordres sur cela, j'entrerai dans des détails sur le plan général de l'administration et du matériel de l'établissement. J'ai déjà dit qu'on pourrait le commencer sans beaucoup de frais, ou, pour mieux dire, à très-peu de frais. Je présenterai pour le moment un moyen de tirer de cet établissement toute l'utilité qu'on peut en attendre ; ce moyen est moral, et ne coûterait rien par conséquent : c'est la formation d'un jury composé de personnes éc-

vées en dignités, de savans, d'artistes et d'amateurs distingués de la capitale.

171. Ce jury aurait la surveillance de l'établissement; il formerait un conseil qui examinerait annuellement les avantages de la méthode, encouragerait par des prix les élèves, et protégerait spécialement ceux qui montreraient de grands talens et du génie pour les arts, et enfin au bout du cours d'études du dessin, procurerait à ceux de ces derniers qui n'en auraient pas les facultés, les moyens de s'attacher à un de nos grands artistes, suivant le genre de leurs talens. *

---

* Pour que ce patronage soit réellement utile aux arts, il faut qu'il soit absolu, au point de devenir une espèce d'adoption, si l'élève s'en rend digne par ses talens, son application et sa conduite. Placé chez un des grands maîtres de l'art, il faut qu'il n'ait à s'occuper que de son étude. S'il en est détourné par le besoin de subvenir à son existence, il anticipera sur l'époque à laquelle son talent serait assez mûr pour livrer ses ouvrages au public, et s'arrêtera au milieu de sa carrière. Dès lors l'appât du gain, le besoin et surtout l'amour-propre ne lui permettront plus de revenir sur ses pas et s'opposeront à ses progrès ultérieurs. Il en est de cela comme de bien des choses; ce que l'on fait à demi est presque toujours plus nuisible qu'utile; *tout ou rien*, telle doit être la règle dans tout ce qui intéresse la société.

Il n'en faut pas conclure qu'il faille être prodigue. Même pour les objets les plus utiles et les plus importans il est un juste milieu. La prodigalité entraînerait à des inconvéniens aussi graves que la parcimonie. Si le résultat de cette dernière peut être de détourner l'élève de ses études en l'occupant de ses besoins matériels, le résultat de la première serait de l'en distraire

Il serait aussi à désirer qu'un des membres du jury vînt journellement visiter l'établissement; on présume bien le bon effet que sa présence pourrait produire pour l'encouragement des élèves, et même des maîtres. Ce service pourrait être alternatif, par mois ou par semaine, entre les membres du jury. Je n'ai pas besoin d'ajouter qu'il serait gratuit.

172. Les prix, à la fin de l'année, ne seraient point accordés, comme dans les écoles ordinaires, sur des dessins dont le fini est souvent le seul mérite, et qui quelquefois prouvent plus la patience que le vrai talent des élèves.

Ces prix seraient accordés, surtout pendant les trois

---

en lui inspirant des goûts frivoles et incompatibles avec l'étude des beaux-arts.

D'après l'état actuel de la société et le prix des objets nécessaires à l'existence individuelle, il est facile de calculer quels sont les besoins réels d'un jeune homme qu'un protecteur puissant, une ville, etc., placent chez un grand artiste. La sobriété est une qualité essentielle, indispensable même à un artiste, mais sa nourriture doit être saine et dans une abondance proportionnée à sa complexion; son vêtement doit être simple, modeste, mais propre et d'une décence analogue à la noblesse de son art. Ses plaisirs simples, comme sa nourriture et son vêtement, doivent être variés; nécessaires pour reposer son imagination; ils doivent cependant être de nature à la maintenir en activité et quelquefois lui servir d'étude : tels sont les spectacles. Suivant les genres il ira y étudier les passions, la grâce des mouvemens, les costumes, la pondération, etc. On ne va pas aux spectacles pour rien; ils doivent donc, ainsi

premières années, d'après l'exécution spontanée d'un objet demandé. Il y aurait d'ailleurs, comme on le verra plus loin, différentes espèces de prix. Quelquefois le talent est lent à se développer, témoin le Dominiquin. Pour ne pas décourager les élèves qui se trouveraient dans ce cas, on accorderait des prix d'application à ceux qui, dans le courant de l'année, auraient reçu le plus de billets constatant cette qualité.

Je crois cela d'autant plus utile, qu'on ne doit pas se presser de juger du talent des élèves. Un feu trop vif s'éteint souvent très-promptement ; et celui qui est lent à s'allumer, finit quelquefois par briller d'un éclat d'autant plus durable, qu'il est alimenté par la science in-

---

que d'autres moyens d'étude, entrer en ligne de compte dans les frais que l'on est disposé à faire pour perfectionner l'éducation d'un jeune artiste placé pour cela chez un grand maître.

Mais combien tous ces frais paraîtront faibles, si on les compare à la gloire d'avoir contribué à donner à sa patrie un grand homme de plus, et dont le nom s'associera dans l'histoire avec celui d'un patron qui s'en sera rendu digne en faisant de sa fortune un aussi bel emploi !

C'est à ce noble patronage que nous devons presque tous les grands peintres; l'histoire a associé le nom du chevalier Marin à celui du Poussin, et celui du chancelier Séguier à celui de Lebrun. Espérons donc que la paix, qui nous a ramené nos rois légitimes, leurs vertus et leur amour pour les arts et la gloire de la France, ramènera aussi parmi leurs sujets riches et puissans cette noble émulation qui engageait leurs aïeux à employer leur fortune pour soutenir et protéger les beaux-arts.

tuitive, et non par une imagination dont la vivacité devient dangereuse, quand elle n'est pas modérée par la réflexion, et dirigée par la science positive.

Mais je m'aperçois qu'entraîné moi-même par mon imagination, j'oublie que les bornes de cet opuscule ne me permettent pas de tout dire; que d'ailleurs une partie de ce que j'ai dit plus haut, doit être développée dans un règlement rédigé avec ordre et avec soin pour le mettre en harmonie avec la méthode; et qu'enfin l'autre partie doit fournir la matière de plusieurs volumes pour former un traité complet de l'étude des beaux-arts dont la base est le dessin; traité pour la confection duquel il me faudra, je le répète, du temps, des moyens et le concours de la protection du gouvernement, des lumières des savans, et des conseils des grands artistes.

Je vais donc passer aux détails de la méthode et de la marche à suivre dans le cours des études du dessin.

## PREMIER COURS.

173. Par la description que j'ai donnée précédemment de la forme de l'amphithéâtre, on présume bien que le professeur, placé dans le centre, est à même de donner des leçons générales à tous les élèves, qui tous s'occupent à la fois du même objet.

Pour ce cours, comme pour les suivans, le professeur enseigne d'après une méthode et des principes invariables pour lui comme pour les élèves; ces principes sont les suivans:

1°. Avant de rien faire exécuter aux élèves, leur donner une explication claire et précise de l'opération par laquelle ils doivent arriver à l'exécution la plus exacte de l'objet, dont ils doivent, avant tout, avoir la plus parfaite intuition.

2°. N'abandonner cet objet qu'après qu'on s'est assuré qu'il a été bien compris et ensuite bien exécuté.

3°. Ne pas exiger, cependant, des élèves une perfection qu'on ne peut attendre que du temps; pour cela, ne présenter à leur étude que ce qui est proportionné à leur âge et au degré d'instruction déjà acquise.

4°. Revenir de temps en temps sur les choses déjà apprises, pour les rappeler à la mémoire de jeunes gens naturellement distraits; et saisir cette occasion pour leur faire perfectionner des choses qu'on ne leur avait d'abord fait qu'ébaucher, afin de ne pas les rebuter par un travail trop monotone.

5°. Considérer d'abord l'étude du dessin sous un point de vue général, comme un moyen de perfectionner les deux sens les plus précieux, la vue et le toucher, de donner autant de rectitude à l'esprit et au jugement qu'à l'œil et à la main; ne l'envisager que comme une préparation pour toutes les professions, et comme un instrument universel qui peut prêter son secours à tous les états de la société et à toutes les circonstances de la vie.

6°. Attendre, en conséquence, jusqu'à la fin du troisième et même du quatrième cours, avant de considérer les élèves comme attachés spécialement à l'étude des beaux-arts.

Enfin, le professeur ne doit rien présenter à ses élèves,

dont il n'ait lui-même la connaissance la plus profonde. Sa manière de professer doit donc être la même que celle qu'on emploie pour toutes les sciences, particulièrement pour la géométrie : non content d'exécuter lui-même et de démontrer devant les élèves, il doit faire exécuter et démontrer publiquement ces élèves, lesquels deviennent ainsi alternativement les maîtres de leurs camarades. Le professeur ne fait alors que donner la première impulsion à un mouvement dont il n'est plus ensuite que le directeur.

Le premier cours est donc celui où le professeur a le plus de peine : jusqu'à ce qu'il se soit formé des élèves capables de répéter ses démonstrations, il est obligé d'agir pour tous ; et si, dans les cours subséquens, il faut au professeur un plus haut degré d'instruction, il lui faut dans le premier cours, surtout pendant les premiers mois, plus de patience et de courage pour surmonter et faire surmonter à ses élèves les dégoûts des premiers élémens, naturellement secs et arides.

### *Premier trimestre du premier cours.*

174. Règle générale pour ce cours comme pour tous les autres : point de règle ni de compas entre les mains des élèves. Le maître seul doit s'en servir pour vérifier l'exactitude des opérations et pour les démonstrations. Les élèves ne doivent s'en servir que pour le même objet.

Ce premier trimestre est employé à la démonstration et au tracé des lignes et figures géométriques les plus indispensables à l'étude du dessin. Je crois inutile de détailler ici ces figures, ni d'indiquer leur nombre ; je dirai seulement qu'il est très-limité, et que je pense qu'avant la fin des trois mois tous les élèves, ou au moins la majeure partie, auront non-seulement la connaissance parfaite de ces figures, mais encore les traceront avec exactitude et facilité.

Il faudra, pour cette première partie du cours, comme pour la suivante, qu'au talent d'une démonstration claire et précise, le maître réunisse celui de cacher la sécheresse des premiers élémens sous des formes agréables. Ce que j'ai dit dans le cours de cet ouvrage, relativement à l'élève grec au commencement de ses études, doit être alors présent à l'esprit du professeur. Il doit cacher les épines sous les roses, et trouver le moyen de procurer aux élèves des jouissances, même dans ces élémens. Pour cela, il faut mettre à profit tous les moyens moraux. La perspective de la gloire, le plaisir de faire eux-mêmes des découvertes et d'inventer pour ainsi dire la science, l'émulation et même l'amour-propre, lequel devient une vertu quand on sait l'employer convenablement, sont autant de moyens à présenter aux élèves pour leur faire franchir les obstacles, et surtout surmonter l'ennui. Il faut, pour allumer ce feu et l'entretenir dans l'esprit des élèves, que le professeur en soit lui-même pénétré; il faut qu'au talent il joigne un cœur vif, aimant et sensible; il faut enfin que, se dépouillant quelquefois de son caractère de maître, ayant l'air d'applaudir à la pénétration de ses élèves, il leur procure le plaisir de croire que c'est dans leur propre fonds qu'ils puisent ce qu'ils apprennent.

Je sais que j'exige là de la part du maître un grand

sacrifice; mais il en sera bien dédommagé par les progrès des élèves et par les applaudissemens des parens reconnaissans. Les couronnes, posées sur la tête d'un élève, ne sont-elles pas partagées par son maître ! Il ne doit donc pas chercher à briller lui-même dans le cours de ses leçons, mais dans le résultat de ces leçons.

On se doute bien que, durant tout ce premier trimestre, un seul modèle est exposé aux yeux des élèves ; ils répètent eux-mêmes, sur leurs ardoises, les opérations ou figures tracées par le professeur sur le tableau de démonstration, sur lequel chaque élève doit, à son tour, venir un instant démontrer à ses camarades. De cette manière, le professeur s'assure que les élèves ont bien compris ce qu'il leur a expliqué, et qu'ils réunissent la théorie à la pratique.

Outre les ardoises particulières et le tableau sur lequel les élèves s'exercent alternativement, ils ont un cahier sur lequel ils doivent transporter toutes les leçons. Ils y transcrivent d'abord chaque démonstration sous la dictée du maître ; et ensuite, quand ils se sont suffisamment exercés sur le tracé de l'opération, ils l'exécutent sur le cahier à côté de la démonstration.

C'est par cette raison que j'exige dans les élèves l'âge de huit à dix ans, et la condition de savoir lire et écrire correctement. Quant aux élémens d'arithmétique, ils sont aussi indispensables : car, si je demande à un élève de diviser une ligne en un nombre de parties tel, que les divisions puissent se décomposer en parties simples ou paires, et en parties composées ou impaires, il faut qu'à l'instant il puisse partager cette ligne en autant de parties qu'il y a de divisions simples, pour ensuite n'avoir plus qu'à partager en subdivisions composées la dernière division simple, ce qui sera d'autant plus facile qu'elle deviendra plus petite. Les bornes de cet ouvrage ne me permettent pas d'expliquer en détail cette opération, qui est la plus importante de l'étude du dessin, dont elle est la base, puisque c'est par elle qu'on établit et qu'on calcule les proportions des objets. Elle exige donc de l'élève au moins la connaissance des premiers élémens du calcul.

*Deuxième trimestre du premier cours.*

175. Ce trimestre, ainsi que les suivans, est employé à l'étude de la théorie des formes. Afin que cette étude soit plus profitable, on saisit cette occasion de donner aux élèves les premières notions des proportions et des formes des objets inventés par l'homme pour son usage, pour l'agriculture et pour les arts. Par ce moyen, l'élève, tout en exerçant son œil, sa main et même son imagination pour l'objet qu'on se propose (l'étude du dessin), exerce son esprit et meuble sa mémoire d'objets qui, quoiqu'utiles, nécessaires même à tous les membres de la société, sont souvent inconnus à des hommes âgés et quelquefois, d'ailleurs, fort instruits dans une branche particulière des connaissances humaines.

Je crois donc que ce genre d'instruction, mettant même à part l'étude du dessin, serait par elle seule de la plus grande utilité.

Au reste, une partie de cette étude serait faite par les élèves hors de la classe: on chercherait à la leur faire regarder comme un amusement. Ils auraient pour ce genre d'études un cahier particulier, sur lequel ils feraient des notes des dimensions et des formes des différens objets qui se présenteraient à leurs yeux, soit chez leurs parens, soit dans les lieux publics. A cet effet, le professeur leur expliquerait la manière la plus simple de donner, au moyen du dessin, une idée claire et précise des formes et des dimensions des objets, non tels que l'œil les aperçoit, mais tels qu'ils sont réellement. Un des grands points de la méthode est de s'occuper d'abord du fond des choses, et de marcher du simple au composé.

A la fin de ce second trimestre, les élèves, pour ainsi dire en se jouant, et presque sans s'en être aperçus, auront acquis une connaissance exacte des premiers élémens de l'architecture; ils traceront, sans règle ni compas, et suivant les proportions reconnues, les piédestaux, les bases, les chapiteaux des différens ordres. Cependant ils ne feront encore qu'indiquer l'ensemble des formes des ornemens par des lignes fort simples, jusqu'à ce qu'une autre partie du cours leur ait donné le moyen de les perfectionner.

### *Troisième trimestre du premier cours.*

176. On emploira ce trimestre à l'étude de la beauté des formes; tout en continuant les exercices sur l'architecture, on y réunira le dessin de vases antiques et modernes, en choisissant les formes les plus exquises. La variété des objets présentés aux yeux des élèves, contribuera à leur rendre l'étude aussi agréable qu'utile.

Tout en exerçant la vue et la main des élèves, on formera leur goût, et on meublera leur mémoire et leur esprit.

*Quatrième trimestre du premier cours.*

177. Les élèves dessineront, pendant ce dernier trimestre, des ornemens. On aura soin de choisir les plus simples et ceux du meilleur goût. Quand ils auront acquis de la facilité pour l'exécution de ces ornemens, on les fera revenir sur les ordres d'architecture auxquels ils doivent être adaptés.

Sur la fin de ce cours, le professeur récapitulera ce que les élèves auront appris pendant l'année; il les fera revenir sur les exercices précédens, et enfin les préparera pour les exercices publics auxquels assistera le jury, ou une section du jury.

Ce jury, tout en constatant l'utilité de la méthode, examinera les progrès respectifs des élèves, désignera ceux d'entre eux qui auront mérité les prix, notera ceux qui se seront distingués par leur application et leur exactitude, comme ceux qui mériteraient le blâme par leur mauvaise conduite ou leur négligence. Il indiquera ceux qui, étant restés en arrière, devront redoubler le premier cours, et ceux qui, ayant montré beaucoup de capacité et désirant devenir professeurs, redoubleront ce premier cours, tout en suivant le second. On choisira de préférence ceux qui, ayant remporté les premiers prix, désireront s'attacher au professorat. Un des articles du règlement sera que les élèves qui, ayant suivi le premier cours pendant deux années, seraient jugés incapables de passer au cours suivant, devront se retirer de l'école.

Ce dernier cas serait fort rare : à moins d'une déformation dans le sens de la vue, ou d'une incapacité morale absolue, il y aura bien peu d'élèves qui ne soient dans le cas de suivre ces deux premiers cours, et d'y réussir assez pour en retirer du fruit, sinon pour les beaux-arts, au moins pour les arts mécaniques et toutes les professions utiles : dès lors l'objet principal de l'institution serait rempli.

Il faut encore supposer que des maladies, ou d'autres circonstances indépendantes de la volonté des élèves, peuvent retarder leurs progrès. Dans ces cas, qu'il est facile de constater, il serait injuste de les en punir, et ils devraient redoubler plusieurs fois le même cours, s'il était nécessaire, pour rattraper le temps qu'ils auraient perdu par ces causes accidentelles.

J'ai dit que pour ce cours, comme pour les suivans, les élèves auraient deux cahiers, l'un pour les études dans l'intérieur de la classe, l'autre pour les études extérieures ; nous appellerons le premier le cahier interne, et l'autre le cahier externe. Ce dernier sera entièrement à la disposition des élèves, qui seront libres de le remplir de tout ce qui leur conviendra ; cependant, le professeur les engagera à n'y placer successivement que des études analogues à celles du cahier interne. Celui-ci sera marqué journellement par le professeur, au moyen de griffes ou de marques qui constateront que le travail s'est fait dans l'intérieur de l'école. C'est d'après ces cahiers qu'on pourra juger de l'exactitude des élèves à suivre les leçons, et qu'on accordera les prix d'application et d'encouragement.

Je vais passer au second cours, pour lequel je ne répéterai point ce qui, étant réglémentaire, doit s'étendre à tous les cours suivans.

## DEUXIÈME COURS.

### *Premier trimestre du deuxième cours.*

178. Ceux d'entre les élèves, et je crois que ce sera le plus grand nombre, qui auront été jugés capables de passer au second cours, instruits dans la théorie-pratique de la géométrie et dans la théorie des formes, habitués à s'en rendre un compte exact et à les tracer avec précision géométralement, c'est-à-dire, telles qu'elles sont réellement, n'auront qu'à dessiner ces formes telles qu'on les voit, c'est-à-dire, suivant les règles de la vision ou de la perspective.

C'est donc par cette dernière science qu'on commencera le second cours. Par une conséquence naturelle de l'esprit de la méthode, on n'enseignera d'abord de cette science que ce qui est nécessaire pour dessiner convenablement un seul objet, vu de face, de profil, et sous un angle de cinquante degrés. On a vu plus haut que l'amphithéâtre était construit pour ces différens points de vue.

Pour la démonstration des règles de la perspective, on emploîra, outre les raisonnemens théoriques, un moyen de faire voir matériellement les effets de la perspective.

Il serait trop long d'expliquer le moyen que j'ai imaginé pour cela ; on en jugera d'ailleurs lors de l'exécution. Je dirai seulement qu'il est tellement clair et simple, qu'il est impossible qu'un élève, quelle que soit sa capacité, ne se pénètre pas en très-peu de temps des règles de la perspective.

Bien avant la fin de ce trimestre, les élèves seront donc dans le cas de dessiner, non plus d'après des dessins, mais d'après les objets eux-mêmes. Un seul objet servira donc de modèle à toute une classe, quelque nombreuse qu'elle soit. Cet objet sera, comme je l'ai déjà dit en parlant de la forme de l'amphithéâtre, placé de manière que les élèves le voient tous dans un point de vue déterminé, afin qu'ils sachent d'avance quelles sont les règles de perspective qu'ils doivent suivre, suivant la place qu'ils occupent dans l'amphithéâtre.

Au moment de placer un objet pour l'étude, le professeur devra rappeler à la mémoire des élèves les règles analogues à cet objet, et en faire la démonstration ; alors les élèves devront passer à l'exécution. Ils alterneront pour les places, afin de dessiner le même objet dans plusieurs points de vue.

Ces objets seront au reste les mêmes que ceux dont on leur aura fait copier les dessins pendant le premier cours ; ils en connaîtront donc d'avance les proportions, et, s'ils ne se les rappellent pas, ils consulteront leurs cahiers du premier cours, dont les numéros correspondront avec ceux des objets proposés pour l'étude du second cours.

Attendu qu'une des bases de la méthode est de ne jamais rien faire dessiner aux élèves, avant qu'ils en aient acquis une connaissance parfaite ; attendu, dis-je, que cette méthode est fondée sur l'intuition ; pendant les deux premiers trimestres, peut-être même pendant une partie du troisième trimestre du second cours, les élèves dessinant les objets d'après nature et en perspective, ne le feront qu'au trait : seulement, pour les préparer au clair-obscur, on leur enseignera la manière de donner à ce trait de la force, du caractère et de la grâce, en indiquant avec intelligence l'effet des lignes opposées à la lumière, laquelle d'abord ne sera dirigée sur l'objet que d'un seul point, et sous un angle déterminé, celui de cinquante degrés.

*Deuxième trimestre du deuxième cours.*

179. Les études de ce trimestre seront les mêmes que celles du précédent ; la seule différence consistera dans le choix d'objets de formes plus compliquées, par conséquent plus difficiles que dans le cours précédent.

*Troisième trimestre du deuxième cours.*

180. La division du travail par trimestres n'est point ici indiquée d'une manière irrévocable. Il est possible que l'expérience oblige à prolonger une des parties des études au-delà du terme que j'ai fixé, ou à en abréger la durée : en conséquence, quoique je place au commencement de ce trimestre l'époque à laquelle

on devra donner aux élèves connaissance de la théorie des ombres, il serait possible que le professeur dût avancer cette époque ou la reculer, suivant l'état des progrès plus ou moins avancés, et considérés d'après l'ensemble de la classe.

Supposant, comme je le pense, que ce moment fût celui qu'il serait convenable de choisir pour cette étude, le professeur démontrerait cette théorie moralement et physiquement, en employant des moyens aussi simples que faciles, et tels que les élèves vissent matériellement les effets du clair-obscur, et, tout en se pénétrant des principes théoriques, pussent les mettre en pratique, en prenant la nature même pour modèle.

Je ne crois pas avoir besoin d'expliquer le mécanisme de ces moyens : la dépense pour cela serait très-peu de chose; un tourneur et un menuisier feraient en deux jours de temps tout le matériel de cette étude.

*Quatrième trimestre du deuxième cours.*

181. Les études de ce trimestre seront les mêmes que celles du trimestre précédent; mais on augmentera les difficultés, non-seulement par la complexité des formes, mais encore en changeant la position de la lumière, et par conséquent les effets du clair-obscur, qu'on peut encore compliquer par d'autres moyens, par des reflets ou des ombres portés par des corps interposés entre l'objet et la lumière.

Voilà donc une seconde année révolue. Généralement, tous les élèves d'une organisation morale et physique convenable, sont parvenus à pouvoir dessiner correctement et facilement, suivant les règles de l'optique et du clair-obscur, tous les objets visibles et inanimés.

Plusieurs causes peuvent cependant avoir contribué à retarder quelques-uns des élèves; des interruptions, occasionées par des maladies ou d'autres causes indépendantes de leur volonté, peuvent les avoir placés trop en arrière de leurs camarades pour entreprendre de suivre le troisième cours; dans ce cas, ils seraient obligés de redoubler : ceux qui se destineraient au professorat en feraient autant, mais tout en suivant le troisième cours.

Du reste, examen des travaux de l'année, distribution des prix de la part du jury, comme dans le cours précédent.

A la rigueur, les élèves qui ne se destineraient point particulièrement à l'étude des beaux-arts, pourraient se contenter de ces deux cours. S'ils en ont profité convenablement, ils en sauront assez pour tous les arts mécaniques, et même pour la topographie, pour l'art militaire, pour la partie de l'histoire naturelle qui n'a rapport qu'à la nature inanimée, et même pour l'architecture, pour l'étude de laquelle ils auront déjà un grand pas de fait, puisqu'ils connaîtront déjà les proportions et les formes d'une grande partie des objets qui ont rapport à cette partie des beaux-arts.

Nous engagerions même ceux qui se destineraient à une des sciences ou arts dont nous venons de parler, à ne point perdre un temps précieux de leur vie, en voulant pousser plus loin l'étude du dessin; ou bien, si réellement ils voulaient en profiter convenablement pour l'objet qu'ils se proposent, à redoubler les cours précédens, ou au moins le dernier cours : car quel est le but du dessin pour les sciences ou les arts en question ? de se rendre un compte fidèle des proportions et des formes des objets, et de les tracer avec la plus grande exactitude : or, les objets à étudier et à dessiner sont sans âme et sans mouvement; il est donc inutile d'employer, quelquefois infructueusement, plusieurs années de sa vie à une étude dont on ne doit pas faire usage, à une étude d'ailleurs qui demande à elle seule l'emploi et le bon emploi de toute une vie.

Si on réfléchit bien sur ce que je viens de dire, on ne verra plus tant de malheureux jeunes gens se jeter imprudemment dans une carrière où ils ne font que végéter, et qu'ils déshonorent en prostituant des talens qu'ils eussent pu employer utilement pour leur bonheur personnel et pour la gloire de leur pays, dans la carrière qu'ils étaient appelés à parcourir par la nature plus sage que nous, puisque, si on voulait la consulter, on n'aurait jamais de repentirs *.

---

* Un des plus grands malheurs de la révolution française, la plaie la plus profonde qu'elle ait faite à l'humanité, et qui sera la plus difficile à guérir, est sans nul doute cette fureur de déplacement qu'elle a imprimée à tous les esprits. Elle est à la fois la cause et l'effet de nos troubles civils, et elle tend à les prolonger. Si on veut en arrêter le cours, il faut donc aussi arrêter cette fureur ou cette manie. Chacun a voulu participer au pouvoir, chacun a voulu sortir de sa sphère pour jouer un rôle dans le drame révolutionnaire. Il n'était pas étonnant que, dans

Mais, sans précisément se destiner à la peinture ou à la sculpture, il est beaucoup d'élèves qui peuvent désirer acquérir des connaissances ou des talens, soit pour

---

un moment où tout le monde voulait gouverner l'état, et s'en croyait capable, un jeune homme qui commençait à dessiner se crût appelé à être un Raphaël; il n'était pas étonnant, dis-je, qu'on prostituât le titre d'artiste, quand on prostituait le titre sublime de patriote. Aussi a-t-on vu à la même époque des sans-culottes patriotes, et des décrotteurs artistes. Ce titre dont Raphaël, Le Titien, etc., s'honoraient, est encore dans ce moment usurpé par les artisans les plus infimes. Ou qu'on réprime cet abus en rendant au mot artiste sa valeur, ou qu'on invente, s'il le faut, un nouveau mot pour désigner l'homme de génie qui se distingue dans une des parties les plus nobles et les plus élevées des connaissances humaines. Pour qu'on sût à quoi s'en tenir sur la valeur des choses et des mots, il faudrait sans doute signaler tous les abus, afin d'y remédier s'il était possible : cela serait au-dessus de mes forces, et serait trop long pour cet opuscule. Il faut espérer d'ailleurs que, le retour de l'ordre mettant chaque chose et chacun à sa place, on ne confondra plus, même de nom, le soi-disant artiste en boutique, celui qui dégrade les arts au point d'indiquer son logis par une enseigne ou une montre souvent trompeuse, avec le vrai, le grand artiste qui, au contraire, aurait intérêt à cacher sa demeure, afin d'empêcher la foule d'aller interrompre ses nobles travaux, pour payer à ses chefs-d'œuvre le tribut d'une admiration souvent importune.

Sans doute je suis bien loin de blâmer cette noble émulation qui donne la vie au corps social, ni d'approuver une apathie qui lui serait mortelle ; mais il est un juste milieu : ce que j'ai cru devoir signaler, c'est l'abus excessif de cette émulation, laquelle devient désordre et anarchie, quand elle dépasse les limites fixées par la raison et par les convenances sociales.

en faire usage comme d'un agrément particulier, soit dans l'intérêt public, pour pouvoir apprécier et juger convenablement les produits des beaux-arts, à titre d'amateurs. Tel doit être en général le but de la classe élevée de la société. C'est elle, je le répète, qui est appelée par son rang et sa fortune à encourager et à protéger les arts et les artistes. Son goût ne saurait donc être trop pur : pour cela il doit être exercé, et ce n'est que par une étude bien dirigée et par la science positive, qu'elle peut parvenir à acquérir les connaissances nécessaires pour juger les productions du génie. Consultons l'histoire, et nous verrons les arts et les sciences prospérer dans tous les pays où des hommes puissans et éclairés se sont déclarés leurs protecteurs et leurs appuis.

A la voix des Léon X, des Médicis, des Louis XIV, des Richelieu, des Colbert, le génie des arts s'est réveillé, les artistes sont sortis, pour ainsi dire, des entrailles de la terre, et on peut affirmer qu'un Alexandre produira toujours un Apelle.

## TROISIÈME COURS.

*Premier trimestre du troisième cours.*

182. Dans les cours précédens, dans celui-ci et dans ceux qui suivront, je n'ai pas cru devoir, en faveur de ma méthode, répéter les raisonnemens que j'ai déve-

loppés dans le cours des études de l'élève grec, suivant le mode que je crois avoir été suivi par cette savante nation. Je prie donc, une fois pour toutes, mes lecteurs de s'y reporter quelquefois, et en suivant le même ordre que j'établis ici pour mon cours d'études.

Jusqu'à présent, les élèves n'ont étudié que la nature morte ou au moins immobile. A présent qu'ils vont passer à l'étude de la nature animée et mobile, ils trouveront bien plus de difficultés. Cependant ces difficultés s'aplaniront, ou au moins deviendront moins difficiles à franchir, si on suit une marche ou une méthode convenable.

Pour étudier le corps humain, nous commencerons donc par la charpente osseuse, par cette partie qui tient le milieu entre la nature morte et la nature animée. Après en avoir étudié les proportions et les formes, nous étudierons les mouvemens dont elle est susceptible.

Placée sur un socle carré, dont les côtés seront parallèles à une partie de l'amphithéâtre, et formant un angle de 50 degrés avec d'autres parties, les élèves n'auront aucune peine à la dessiner en perspective, puisque les points d'appui de cette charpente correspondront avec les différentes lignes du socle sur lequel elle sera posée.

Nous indiquerons pour cela aux élèves un moyen aussi simple que facile : nous leur ferons supposer que le squelette est enfermé dans une boîte cubique de cristal. Je n'ai pas besoin d'expliquer aux artistes comment les élèves trouveront, par ce moyen, de grandes facilités pour arriver à une exécution aussi exacte que prompte.

Cette étude, simplifiée par cette méthode, devra être

appuyée de celle de la pondération, laquelle cependant pourra être reportée au deuxième trimestre ; car le premier ne sera pas de trop pour étudier les proportions, les formes et les attaches des os, ainsi que les mouvemens dont ils sont susceptibles, sans cependant dessiner encore les mouvemens eux-mêmes, parce qu'ils ont des rapports avec une science, et sont les effets de causes encore inconnues aux élèves.

*Deuxième trimestre du troisième cours.*

183. Ce second trimestre devra être employé d'abord à l'étude de la pondération, ensuite aux principes généraux de la mécanique, absolument nécessaires pour préparer les élèves à l'étude de la myologie. On leur fera connaître ensuite, sur la charpente osseuse, les points où s'attachent et s'insèrent les différens muscles. Si on leur a bien expliqué et s'ils ont bien compris les principes de la mécanique, ils préjugeront, pour ainsi dire, d'eux-mêmes la force que doivent avoir les muscles, par la distance de leurs points d'attache à leurs points d'insertion, et par le volume de l'objet que ces moteurs sont appelés à mettre en mouvement. On devra même laisser quelquefois travailler l'imagination des élèves, pour leur en laisser deviner les formes. Il ne faudrait point, au reste, abuser de ce moyen, lequel d'ailleurs serait à la portée de bien peu d'entre les élèves. On s'empressera donc de passer à l'étude de la myologie.

*Troisième trimestre du troisième cours.*

184. Avant de passer à l'étude de la myologie, on fera connaître aux élèves les différences existant entre la

conformation de la charpente osseuse de l'homme et celle de la femme. On les leur fera indiquer dans leurs dessins d'une manière exacte, d'après un modèle choisi dans un âge proportionnel au modèle de l'homme.

Quant à la myologie, on suivra, pour cette étude, la même marche que celle suivie jusqu'à ce jour. Les élèves, quoique dessinant d'abord en détail et ensuite en masse les muscles du corps humain, ne s'attacheront d'abord qu'à les indiquer d'une manière exacte, sans s'occuper pour le moment de la beauté des formes. Il suffira que les attaches et les insertions soient bien marquées, et que la forme générale de chaque muscle soit celle qui lui convient.

Le professeur insistera toujours pour que les élèves dessinent, ou au moins indiquent, d'une manière convenable, la charpente osseuse, avant de la recouvrir de son enveloppe musculaire. Il n'exigera pas des élèves un fini, qui souvent ne prouve que la patience, ne prouve point le vrai talent et le paralyse quelquefois. Il s'attachera à ce que les traits externes et internes soient tracés avec netteté et précision.

Quant au clair-obscur, il se contentera, pour le moment, de le faire indiquer par des teintes suffisantes pour faire reconnaître la forme et la saillie des muscles, en employant pour cela le procédé le plus simple, celui qui retiendra le moins les élèves dans le mécanisme de l'exécution.

*Quatrième trimestre du troisième cours.*

185. Le professeur démontrera aux élèves les différences existant dans le système musculaire entre l'homme

et la femme ; il leur expliquera les motifs de ces différences qui, au reste, ne consistent que dans les formes, et les leur fera dessiner avec précision.

On reviendra ensuite, pour s'y perfectionner, à l'étude de l'homme, dont le modèle jusqu'à la fin de ce cours devra être du même âge (l'âge viril), et étudié dans l'état de repos, ou au moins dans des mouvemens très-simples et proportionnés au degré d'instruction des élèves.

Bien des personnes seront sans doute surprises que, par ma méthode, je fasse commencer l'étude du corps humain par l'ensemble et d'après le modèle vivant. Je sais tout ce qu'ont de force l'empire de l'habitude et l'esprit de routine ; cependant j'espère qu'on reviendra de cette surprise, et même que beaucoup finiront par applaudir à cette innovation, si elles se donnent la peine de réfléchir sur l'esprit de cette méthode, sur les principes qui en sont la base, et surtout sur celui de ne rien faire dessiner aux élèves avant qu'ils en aient acquis la connaissance la plus intime.

Or, je le demande, un dessin souvent inexact, mais supposons-le aussi parfait que possible, une statue même, donneront-ils aux élèves des notions aussi précises sur la structure du corps humain que l'homme lui-même ? Pourra-t-on mettre en mouvement ce dessin ou cette statue pour démontrer aux élèves l'action des muscles, et les changemens opérés dans les formes de ces muscles par cette action ? Non, sans doute. Par ma méthode, au contraire, il font plus qu'apprendre, ils voient les mouvemens de ces muscles et en devinent les fonctions.

Quant à l'exécution du dessin d'après nature, les élèves y sont suffisamment préparés par tous les exercices précédens. Hors la première année pendant laquelle les élèves n'ont eu à copier que des contours géométriques, on a vu que, jusqu'à ce moment, ils ont toujours dessiné d'après nature. Ils doivent suivre cette marche jusqu'à la fin de leurs études. Ils consulteront ensuite les dessins ou les tableaux des grands maîtres, non pour se former, mais pour se perfectionner. Capables alors d'en apprécier et d'en saisir les beautés, ils sauront se les approprier, non en les copiant servilement, mais en s'en servant comme d'un moyen de rectifier les défauts de leurs propres ouvrages. On verra plus loin que je suis du même avis pour l'étude des statues antiques, et que mon opinion est appuyée sur des motifs puissans.

Comme, au reste, dans la nature on ne trouve que bien rarement sur un même modèle tous les muscles assez également prononcés pour en reconnaître les attaches et les insertions, il serait à désirer que, derrière et près du modèle, le professeur eût sous sa main des pièces d'anatomie modelées en cire, ou au moins une couple de statues anatomiques, masculine et féminine, dans le genre de l'écorché de Houdon. Je croirais l'anatomie en cire préférable, comme étant plus commode pour la démonstration, surtout étant en pièces détachées et exécutées de manière que, dans certains cas, on pût montrer aux élèves ceux des muscles qui se trouvent recouverts par d'autres, et sur lesquels leur action se fait sentir.

Il est encore un autre obstacle, lequel paraît d'abord

difficile à surmonter, en ce qu'il tient aux mœurs et à d'anciens préjugés : c'est le modèle vivant de la femme. A la rigueur, pour les démonstrations anatomiques, on pourrait s'en passer ; les élèves ayant déjà la connaissance de l'anatomie de l'homme, et les différences dans le système musculaire de l'homme et de la femme étant peu nombreuses, des pièces de cire ou bien une statue de femme, dont l'anatomie serait aussi bien indiquée que dans l'écorché de Houdon, pourraient y suppléer.

Je crois donc que, pour ce troisième cours, il ne serait point encore urgent d'avoir un modèle de femme, d'autant plus qu'une partie des élèves devra s'arrêter là, parce qu'ils en sauront dès lors assez pour différentes carrières, et même pour différens genres de la peinture.

Mais, dans les cours subséquens, il sera impossible de s'en passer ; quand il s'agira de donner au modèle de femme tous les mouvemens convenables pour l'étude, les statues et encore moins les dessins ne pourraient y suppléer. Cherchons donc un moyen de concilier ce qu'exigent la décence et les mœurs avec ce qu'exige l'étude des beaux-arts.

Sur nos théâtres, dans les lieux publics, des femmes, et souvent de jolies femmes, se présentent à nos regards sans autre voile qu'une gaze légère, qui ne couvre, pour ainsi dire, pas leur nudité. Un léger tissu de soie couleur de chair, lequel laisse apercevoir toutes les formes, des mouvemens souvent plus que voluptueux, tout enfin devrait produire de vives sensations sur des spectateurs, d'autant plus disposés à recevoir toutes les impressions du plaisir, qu'ils vont exprès dans ces lieux pour le chercher. Cependant tous ces motifs, ces causes, ces effets, n'ont point fait interdire par l'autorité ces spectacles; ils sont au contraire protégés et même entretenus par elle, et c'est sûrement avec raison; l'expérience lui aura démontré que l'habitude de voir un objet, si voluptueux, si incitatif qu'il soit, atténue et détruit même entièrement l'effet qu'il semble devoir produire.

Si donc l'autorité a fait ces concessions en faveur des plaisirs d'une nation, pourquoi ne les ferait-elle pas en faveur de l'étude des beaux-arts, en faveur de la gloire de cette même nation? Elle risquerait d'autant moins de faire en ce cas les mêmes concessions, qu'un modèle de femme, auquel on donne une pose pittoresque, reste immobile dans cette pose pendant une heure entière. Cette femme n'emploie pas les prestiges d'une physionomie gracieuse, et encore moins des mouvemens lascifs, pour plaire à ceux qui, étudiant d'après elle, ne sont point d'ailleurs venus là pour chercher le plaisir, mais pour s'occuper d'une étude qui absorbe toutes leurs facultés. Ils ne voient dans ce modèle qu'une froide statue, qui, certes, ne peut jamais produire autant d'effet sur l'âme que cette jolie danseuse qui met tous ses soins et emploie tous les prestiges de son art et de ses charmes, pour captiver le cœur et embraser l'imagination des spectateurs qui la contemplent avec avidité. Ici, c'est la nature vive et animée; dans l'amphithéâtre d'une école de dessin, c'est au contraire la nature immobile et impassible.

Tout milite donc en faveur de l'inrtoduction du modèle de femme dans les écoles de dessin; elles ne peuvent s'en passer, sinon les études seraient incomplètes et les élèves n'apprendraient que la moitié de ce qu'ils doivent apprendre.

D'ailleurs, comme généralement les muscles de la femme doivent être très-peu prononcés, et que d'un autre côté, pendant long-temps encore, les élèves ne doivent considérer leurs ouvrages que comme des ébauches où l'ensemble est plus soigné que les détails, rien n'empêcherait de couvrir le modèle de ce même voile dont on se contente dans les spectacles ; un tissu délicat de soie ne dénaturerait point assez les formes, pour que l'élève ne pût d'après ce modèle exécuter des dessins qu'il pourrait perfectionner par la suite, quand, plus avancé et plus âgé, il lui serait permis d'étudier la nature plus exactement et de plus près. La connaissance exacte qu'il aura déjà acquise de l'anatomie, lui permettrait d'ailleurs d'ajouter aux formes ce qui, étant essentiel, pourrait être voilé par le tissu.

Mais, me dira-t-on, les élèves n'ont-ils pas à leur disposition les statues ? Cela est vrai ; mais, ou elles sont bonnes, ou elles sont mauvaises ; si elles sont mauvaises, il faut bien se garder de les étudier ; si elles sont bonnes, telles sont les belles antiques et quelques modernes, il faut attendre long-temps, non-seulement pour les étudier, mais encore pour savoir les étudier ; elles sont, selon moi, un beau moyen de perfectionnement, le seul peut-être pour l'élève, mais quand il est assez habile pour en découvrir les beautés, pour les copier et les marier à ses ouvrages. Cette étude n'est donc pas faite pour les élémens.

Cette digression, quoique inhérente au but général de mon objet, m'a éloigné de la position dans laquelle j'ai laissé mes élèves.

Ils sont à la fin de leur troisième année. Le professeur n'a pas besoin de leur faire connaître quels sont leurs moyens et leurs talens; ils peuvent eux-mêmes les apprécier et se rendre justice. Instruits par le professeur de l'étendue immense de la carrière qui leur reste à parcourir, s'ils veulent suivre l'étude des beaux-arts et y acquérir de la gloire et de la fortune, c'est à eux de prendre leur parti.

Le jury constate de nouveau les avantages de la méthode, ainsi que les progrès des élèves, et encourage par des récompenses utiles et honorables le talent et l'application.

J'ai déjà indiqué plus haut la manière dont se doivent distribuer les prix; cependant je crois devoir répéter ici que c'est encore une exécution publique et spontanée en présence du jury, qui doit motiver ses décisions, et non des dessins dont le fini fait souvent le seul mérite. Ici c'est la science et le talent, et non la patience et le métier qu'on récompense. Quant au prix d'application, les cahiers des élèves sont là, et c'est d'après eux que le jury prononce.

Je finirai ce cours par une réflexion sur l'ancienne méthode ou, pour mieux dire, sur celle qui existe actuellement; car la mienne n'est pour le moment, et ne sera peut-être de long-temps, qu'un beau rêve. Ordinairement les parens ne jugent des progrès de leurs enfans dans l'art du dessin que d'après la propreté et le fini de leurs ouvrages. Malheureusement les maîtres contribuent assez généralement à cette erreur, en n'attachant de mérite qu'à ces qualités. Les élèves alors ne s'occupent que de cette étude, et ils parviennent d'autant plus facilement à y réussir que, n'étant que la partie mécanique de l'art, elle est à la portée de tous ceux qui sont doués de quelque patience. Il ne faut pour cela ni science, ni génie. Aussi ne savent-ils souvent rien de ce qui constitue la science, la partie noble des arts ; et, je le répète, il est facile de s'en convaincre et d'en faire l'épreuve ; elle est fort simple : c'est de prier ceux-là mêmes qui ont gagné les prix, et ont le plus brillé dans les concours, d'exécuter de mémoire, ou même d'après nature, un dessin spontané, suivant les règles de la perspective et du clair-obscur, et de rendre compte de ces règles, ainsi que des proportions exactes de l'objet représenté.

## QUATRIÈME COURS.

### Étude spéciale du Dessin pour les beaux-arts.

186. Je suppose que ce quatrième cours ne sera suivi que par ceux qui, à titre d'artistes, se destinent spécialement à la peinture ou à la sculpture, étant appelés par leur génie et leur talent à cette belle carrière ; ou bien par ceux que leur rang et leur fortune mettent à même d'employer une partie de leur temps pour acquérir des connaissances et former leur goût, afin d'ap-

précier convenablement les œuvres du génie, ou même afin d'acquérir des talens pour charmer leurs loisirs en s'occupant des beaux-arts à titre d'amateurs.

Le professeur aura donc dorénavant à remplir une tâche bien plus difficile et plus étendue que celle des cours précédens. Ce ne sont plus seulement des jeunes gens auxquels il doit enseigner le dessin sans but fixe et déterminé, d'après des idées générales d'utilité publique. Ce sont réellement des élèves spéciaux pour l'étude des beaux-arts, des artistes, ou, ce qui est très-important pour le bien de la société et la gloire de la patrie, des juges éclairés qu'il doit former.

Je regarde cette tâche comme tellement difficile à remplir, je la considère comme tellement importante, que j'ai cru d'abord que le maître de dessin devait s'arrêter là, et engager dès-lors les élèves qui veulent suivre les arts à se placer sous la direction d'un des habiles artistes. Mais considérant ensuite combien le temps d'un grand artiste est précieux, combien toute son attention et ses propres études sont nécessaires pour la confection des grands ouvrages dont il est chargé; considérant, dis-je, qu'il est impossible qu'il donne les soins nécessaires à l'éducation de jeunes élèves qui ne sont, pour ainsi dire, encore qu'aux élémens, j'ai pensé que les élèves, avant de se présenter à son école, devaient en savoir assez pour saisir, avec autant de promptitude que de facilité, ses savantes leçons, qui n'ont alors pour but que l'étude des parties les plus élevées des beaux-arts, partie dont les grands maîtres ont seuls le secret. Eux seuls peuvent donc l'enseigner, non-seulement par des préceptes, mais par des exemples. Un élève convenablement préparé en apprendra quelquefois plus, en voyant peindre pendant quelque temps un grand maître, qu'en étudiant toute sa vie d'après des préceptes théoriques ou une pratique fausse et incertaine.

Le professeur de peinture ou de sculpture, dans ce cas, ne se détourne pas de son ouvrage; tout en travaillant à la confection d'un chef-d'œuvre qui doit peut-être l'immortaliser, il forme des élèves dont le mérite et la gloire rejailliront sur lui.

D'un autre côté, au point où nous en sommes, quels que soient les progrès des élèves, ni eux-mêmes, ni le professeur, ne peuvent apprécier convenablement leur goût et le genre de leurs talens. Avant donc de se décider pour une des parties des beaux-arts, il faut pouvoir juger de leurs dispositions pour la peinture ou la sculpture, et pour cela il faut qu'ils s'y soient exercés par des études spéciales et préparatoires. Tel est le but de ce cours et des deux cours suivans.

Je ne suis pas assez présomptueux pour penser que je puisse professer moi-même ce quatrième cours, et encore moins les suivans, sans être secondé moralement et physiquement par des hommes plus habiles que moi. Je l'ai déjà dit, sans cette espérance, je n'eusse pas même entrepris la moindre partie de la tâche que je me suis imposée. Je suppose encore qu'avec cet appui, je serais aidé de l'expérience que j'aurais acquise dans les cours précédens; car s'il est une vérité, c'est qu'on apprend soi-même en enseignant, quand avec du zèle, du courage et de la constance, on a la ferme volonté de s'instruire. Je suppose, dis-je, qu'une réunion de circonstances favorables et l'encouragement qu'on aurait bien voulu m'accorder, me missent à même d'oser entreprendre ce quatrième cours.

Dans ce cas, suivant la même méthode et d'après les mêmes principes qui ont servi de base aux études précédentes, je dirai : ces études n'étaient que préparatoires à l'étude spéciale du dessin de la figure humaine; c'est pourquoi les élèves ont appris à connaître les parties qui composent le corps humain, ils savent indiquer par des traits nets et précis les formes générales de ces parties, ils peuvent indiquer par des masses les effets du clair-obscur; mais jusqu'à ce jour, considérant cette étude sous un point de vue général, ils n'ont pas dû chercher à étudier et à soigner les détails : s'ils ont dessiné des yeux, ils en ont seulement tracé les formes de manière à s'en rendre compte, et à donner dans leurs dessins une idée exacte des parties qui généralement constituent cet organe.

*Premier trimestre du quatrième cours.*

187. A présent que l'étude est spéciale et qu'elle a un but fixe et déterminé, il s'agit de donner à l'ensemble comme aux détails tout le soin et toute la perfection possibles. Nous nous occuperons donc d'abord des yeux, nous les considérerons sous tous les points de vue, dans toutes les positions, et nous en étudierons toutes les expressions.

Cette étude elle seule est tellement importante que,

si quelques-uns de ceux qui liront cet ouvrage, sont étonnés de voir mes élèves, contre l'usage ordinaire, attendre trois ans pour s'en occuper, je suis encore plus étonné moi-même, en voyant que jusqu'à ce jour on ait fait débuter les élèves par une étude que je considère comme une des plus difficiles de celles qui ont rapport au dessin.

Effectivement l'œil, extrêmement mobile, susceptible de mille modifications, exprime tout, dit tout; tous les sentimens, toutes les passions s'y dépeignent avec autant de force que de vérité; il est donc appelé justement le miroir de l'âme. D'un autre côté les yeux de tous les hommes, quoique formés des mêmes élémens et mus par les mêmes muscles, offrent cependant une variété infinie dans leurs formes particulières. Nous arrêterons donc long-temps les élèves sur cette étude, ayant toujours le soin, toutes les fois que la figure ne sera pas vue de profil, de leur faire dessiner les deux yeux à la fois, afin de les habituer à sentir et à exprimer l'harmonie des formes.

La bouche, d'une organisation moins compliquée, de formes moins variées que l'œil, est cependant aussi importante ; tous ses mouvemens signifiant quelque chose et contribuant à l'expression, ils doivent être étudiés avec soin.

Le nez contribue par sa forme à donner un caractère particulier à la physionomie. Il est, au reste, bien plus facile à étudier que l'œil et la bouche, parce qu'on peut déterminer un certain nombre de formes générales dont la nature s'écarte peu, et que les mouvemens dont il est susceptible, étant peu variés, sont faciles à prévoir et à indiquer. On s'attachera donc à connaître les différentes formes de nez, et à savoir à quelles physionomies et à quels caractères ils conviennent généralement.

L'oreille, dont les mouvemens, dans beaucoup d'animaux, indiquent d'une manière très-marquée les différentes sensations, paraît impassible dans l'homme; n'ayant que peu ou très-peu de mouvement, elle est en outre susceptible de peu de variétés. Son étude est donc plus facile que celle des autres parties. On devra s'attacher particulièrement, à l'étudier sous différens points de vue, et à connaître les formes qui lui conviennent pour s'accorder avec les caractères plus ou moins nobles et plus ou moins gracieux.

Quoique les élèves soient déjà habitués à dessiner facilement tout ce qu'ils voient, et surtout ce qu'ils conçoivent bien, ce premier trimestre ne sera pas de trop pour l'étude importante de ces quatre parties de la figure humaine.

Au reste, pour cette étude, nous emploîrons encore la nature même; mais, comme il serait impossible d'avoir autant de modèles qu'il y a de variétés dans certaines parties (les yeux par exemple), nous aurons quelquefois recours à des bustes et même à des dessins dont les caractères puissent correspondre à ceux indiqués dans le cahier de cette partie du cours.

J'ai déjà dit que, pour la confection de mes cahiers, je consulterais nos plus habiles artistes, et les prierais même d'y coopérer directement. C'est particulièrement pour le cahier dont il est question, que j'aurai besoin de ce secours, qui me deviendra de plus en plus nécessaire à mesure que j'avancerai vers le but que je me propose d'atteindre. Je n'épargnerai pour cela ni soins ni recherches ; mais l'ouvrage fût-il parfait, ce qui serait, je le répète, impossible sans le concours de la protection du gouvernement, de l'encouragement et des conseils des savans, et de la coopération de nos plus habiles artistes, fût-il, dis-je, aussi parfait que possible, les cahiers ne suffiraient pas pour l'étude spéciale des beaux-arts. Ils doivent seulement servir de guides pour bien étudier la nature et pour mettre dans cette étude l'ordre nécessaire, pour en tirer tout le fruit qu'on peut en attendre.

Ceci soit dit une fois pour toutes ; et rappelons-nous une règle générale dérivée des principes fondamentaux de la méthode, celle de ne jamais rien faire dessiner aux élèves qu'ils n'en aient la connaissance la plus intime.

Le professeur doit donc continuer à faire précéder chaque opération manuelle d'une explication verbale, basée sur les proportions et les différentes règles de l'art, et rappeler aux élèves que leurs cahiers sont moins des objets d'étude que des notes pour diriger et rectifier leurs études d'après nature.

On engagera au reste les élèves à faire hors de l'école, et d'après nature, des études et des observations analogues à celles dont ils s'occupent ; ils pourront donc remplir leurs cahiers externes d'études faites d'après les tableaux des grands maîtres et les bons dessins qu'ils pourront rencontrer. A Paris, les musées et les bibliothèques présenteront aux élèves de grandes ressources dont ils pourront profiter, surtout s'ils sont assez sages pour suivre, dans ces études l'ordre indiqué par le cahier interne. Le moyen de ne plus avancer, et quelquefois de reculer dans l'étude des beaux-arts, est bien souvent de vouloir aller trop vite ; c'est une vérité qu'on ne saurait trop faire sentir aux élèves, dont l'impatience et surtout l'amour-propre sont les plus dangereux ennemis.

*Deuxième et troisième trimestres du quatrième cours.*

188. Les élèves, ayant déjà dans les cours précédens acquis, par l'étude de l'anatomie, la connaissance des fonctions des muscles de la figure humaine, sont par conséquent instruits de leurs rapports avec les parties du visage qu'ils viennent d'étudier dans le trimestre précédent. Cependant le professeur pourra les leur rappeler ; ensuite ils s'occuperont de l'ensemble de la tête humaine étudiée dans toutes les positions, sous tous les points de vue, suivant tous les effets de clair-obscur ; et enfin les expressions, c'est-à-dire l'effet extérieur et sensible des principales passions ; le professeur aura soin de proportionner cette dernière étude au degré d'instruction et à l'âge des élèves. J'ai indiqué autre part l'époque à laquelle les élèves doivent s'occuper de cette étude.

Hors de l'école, les élèves devront aller consulter les tableaux des grands maîtres, et rechercher dans ces tableaux ou dans de bons dessins, les têtes dont les mouvemens et les expressions seraient analogues à celles qu'ils étudient dans l'intérieur de l'école, pour en meubler leurs cahiers externes. Le professeur pourra leur éviter les recherches en leur indiquant les tableaux, les dessins, ou même les gravures d'après les grands maîtres, qu'ils devront consulter. Ils pourront aussi faire ces études d'après les bustes et les statues antiques, de caractères analogues aux études actuelles.

*Quatrième trimestre du quatrième cours.*

189. Tout ce trimestre doit encore être employé à l'étude de la tête humaine; mais en recherchant et en étudiant avec soin les différences existantes entre les différens âges de la vie, et les caractères généraux des différentes classes de la société.

Quoique mes élèves soient assez bien préparés par les études précédentes, pour espérer qu'ils feront des progrès rapides dans ce quatrième cours, cependant je ne crois pas avoir donné trop de temps à une étude aussi importante que celle de la tête humaine, surtout en y joignant celle du cou et de l'extrémité supérieure du torse. Au reste, il ne faut pas croire que l'étude spéciale de la tête doive finir au bout de ce quatrième cours; dans tous les cours suivans et même au-delà du terme des études du dessin, les élèves devront revenir sur cette étude pour s'y perfectionner.

Le jury aura, à la fin de ce cours, un nouveau prix à distribuer. Jusqu'à ce jour nous n'avons exigé des élèves qu'un trait net et exact de l'ensemble des objets et des masses de clair-obscur suffisamment indiquées pour donner une idée convenable du caractère des formes. C'est enfin sur une exécution spontanée que les prix précédens ont été accordés.

A présent qu'il s'agit d'arriver, ou au moins de viser à la perfection, les détails ne doivent plus seulement être indiqués, ils doivent être exécutés avec soin. Le fini de ces détails, quand il est joint à un trait pur et correct, devient dès lors une qualité essentielle pour arriver à la perfection.

On accordera donc un prix particulier au fini et à la recherche des détails; un autre prix à l'exécution spontanée de l'ensemble d'une tête d'un caractère et d'un âge demandés; un prix d'encouragement pour l'exactitude et l'application; et enfin un premier prix pour celui qui réunira toutes ces qualités ou le plus de ces qualités.

## CINQUIÈME COURS.

*Premier trimestre du cinquième Cours.*

190. Les élèves préparés par les études précédentes, surtout par celles de l'ostéologie, de la myologie, de la perspective, etc.; habitués à dessiner avec exactitude tout ce qu'ils voient, surtout quand ils en connaissent les proportions et la structure, dessineront avec facilité des mains et des pieds dans toutes les poses et dans tous les points de vue.

Mais une étude plus difficile à bien saisir et à bien exprimer, sera de mettre en harmonie les formes de ces parties avec celle des différens caractères de têtes. Cette homogénéité de formes est tellement difficile à saisir, que je ne crois pas ce trimestre suffisant pour compléter cette étude, laquelle s'étend très-loin, si on considère les différences existantes entre les différens âges de la vie, entre les sexes, entre les classes de la société et les tempéramens.

Quels que soient les talens du professeur pour la démonstration, et ceux des élèves pour l'exécution, on devra considérer comme préparatoires ces études qui exigent l'emploi, et le bon emploi de toute la vie. On peut se rappeler ce que j'ai dit du Laocoon en parlant de l'harmonie des formes. C'est la partie la plus difficile et la plus importante pour la peinture et la sculpture, c'est elle qui distingue éminemment les ouvrages des artistes grecs; les modernes ne pourront atteindre à la même perfection, qu'au moyen de l'étude approfondie de cette partie essentielle de l'art.

Au reste, l'âge de nos élèves ne leur permet pas encore d'envisager cette étude sous tous les points de vue; il leur suffira pour le moment de la considérer dans son ensemble, et de bien comprendre en quoi consiste cette harmonie.

On sent bien que, pour arriver à ce but, et suivant toujours le même principe, de faire voir aux élèves ce qu'on veut leur faire comprendre, c'est toujours, autant qu'il est possible, sur la nature même qu'on doit les faire étudier. L'étude doit donc alterner entre des modèles des deux sexes et de différens âges. Si, malgré les raisons que j'ai alléguées dans l'exposé des études du quatrième semestre du troisième cours, en faveur de l'introduction du modèle de femme dans les écoles de dessin, l'autorité ne jugeait pas convenable de faire cette concession en faveur de l'étude des beaux-arts; au moins, je suis convaincu qu'elle accorderait ce modèle pour l'étude de la tête et des extrémités.

Pour se fortifier dans ces études, les élèves devraient hors de l'école faire, d'après les tableaux, les statues et les dessins, et même d'après nature, quand ils en trouveraient l'occasion, des études de ces parties, ayant le soin de s'attacher à découvrir des pieds et des mains d'un caractère analogue à celles dont ils s'occuperaient alors dans l'intérieur de l'école.

Je conseillerais encore aux élèves, comme chose très-utile, de réunir ces études à celles des têtes d'un caractère ou d'un âge correspondant, qu'ils ont dessinées dans leurs cahiers précédens, ou, ce qui serait plus commode et remplirait le même objet, d'indiquer leurs rapports par des numéros. Ces cahiers doivent par la suite leur être d'une grande utilité.

*Deuxième trimestre du cinquième cours.*

191. Après l'étude de la tête et celle des extrémités, une des plus essentielles et des plus difficiles est celle des articulations. On voit par les statues antiques que les Grecs attachaient la plus grande importance à l'exécution de ces parties du corps humain. Si, dans l'ensemble et dans les détails de ces chefs-d'œuvre, on re-

connaît d'abord les caractères de la grâce, de la noblesse, de la légèreté et de la force : c'est particulièrement dans l'exécution des articulations qu'on aperçoit l'expression de ces caractères. Les mouvemens dont ces parties sont susceptibles, contribuent d'ailleurs quelquefois à changer les proportions. On doit donc les étudier avec le plus grand soin. Cela ne veut point dire précisément qu'il faille dessiner isolément ces parties, comme on a fait pour les mains et les pieds. Je crois avoir dit que l'étude de ces dernières parties devait toujours être liée avec celle des parties qui en sont rapprochées, et auxquelles elles s'attachent : on doit avoir la même attention pour les articulations. Rien n'empêche d'ailleurs de dessiner avec soin toute la figure, mais en mettant pendant quelque temps un soin plus particulier aux articulations.

Cette marche est conforme à l'esprit de ma méthode, ou, pour mieux dire, elle est conforme à la faiblesse humaine. L'homme vient à bout des choses les plus difficiles et les plus compliquées, mais ce n'est qu'en attaquant chaque difficulté une à une, et en suivant pour cela un ordre convenable. Le bon La Fontaine l'a dit :

> Patience et longueur de temps
> Font plus que force ni que rage.

Il serait à désirer que dans la salle d'études il y eût plusieurs des plus belles statues antiques, afin que le professeur fût à même d'indiquer aux élèves les différens caractères de ces statues. On verra plus loin quelle utilité les élèves devront retirer de ces comparaisons, qui habitueraient leur esprit à l'observation, et les amèneraient à pouvoir découvrir, sentir, et enfin imiter les beautés de l'antique.

On engagera d'ailleurs les élèves à faire hors de l'école des études analogues à celles dont ils s'occupent dans ce moment.

*Troisième trimestre du cinquième cours.*

192. Pendant ce trimestre, tout en fortifiant les élèves sur les études précédentes, on cherchera à leur donner de nouvelles connaissances. On s'attachera particulièrement à leur faire connaître les formes particulières de chaque caractère. Si, par exemple, le caractère proposé est la force, et c'est, je crois, celui par lequel il faut commencer, comme étant le plus facile, on leur indiquera en quoi consiste ce caractère.

Quoique étudiant toujours d'après le modèle vivant, les élèves auront sous les yeux et près du modèle, l'Hercule Farnèse, dont le professeur leur expliquera les beautés. Tout en copiant, d'après le modèle, la pose, le mouvement et les effets du clair-obscur, les élèves chercheront à donner aux formes de ce modèle un caractère analogue à celles de l'Hercule antique.

Par ma méthode les élèves sont préparés depuis longtemps à cette étude. Dès les premiers élémens, après leur avoir démontré et fait exécuter les différentes figures géométriques qui ont le plus de rapport à l'étude du dessin, on leur a fait faire des exercices géométriques sur toutes les espèces de lignes, et on leur en a expliqué les différens caractères. L'étude qu'ils ont faite des élémens de l'architecture, n'est pas aussi étrangère qu'on pourrait le croire généralement, à celle dont nous nous occupons en ce moment.

Les Grecs, éminemment sensibles à l'harmonie, ont poussé leurs recherches sur cet objet, aussi loin qu'il est possible à des hommes inspirés par elle, et guidés par la philosophie. Dans tous leurs chefs-d'œuvre on reconnaît un but, un motif, et on ne peut qu'admirer la noblesse du but et la sagesse du motif.

Si on veut se donner la peine d'examiner avec soin l'ensemble et les détails des formes de l'Hercule antique, et celles de l'ordre toscan, on sera étonné de l'analogie qui existe entre ces deux choses en apparence bien étrangères; et, si on voulait pousser la recherche plus loin, on reconnaîtrait les mêmes rapports entre les différens ordres et les statues antiques qui ont des caractères analogues.

Les élèves, bien imbus de ces principes, ne s'attacheront donc pas à copier servilement la nature qu'ils auront sous les yeux, et cela pour deux raisons : la première, parce que cette nature, surtout chez les modernes, est presque toujours défectueuse ( j'en ai expliqué les motifs en parlant des exercices gymnastiques); le seconde, parce qu'il est à désirer que des artistes ne soient pas de simples copistes : pour cela il faut que, s'habituant de bonne heure aux combinaisons de l'esprit et du génie, on reconnaisse dans leurs ouvrages l'empreinte de leur génie particulier, et non la manière de tel ou tel maître, ou bien de telle ou telle école.

Mais, me dira-t-on, peut-on mieux faire que de copier la nature? Ne risque-t-on pas de s'égarer en voulant aller au-delà de ce qu'elle nous enseigne? Et, enfin, n'est-il pas à craindre que les élèves ne tombent dans la manière en abandonnant un guide qu'on regarde généralement comme sûr et infaillible?... Je répondrai qu'il ne s'agit que de s'entendre; je suis loin d'engager les élèves à abandonner ce guide; mais je les préviens qu'il ne faut pas le suivre aveuglément; je leur dis que ce n'est effectivement que par l'étude de la nature qu'ils pourront arriver à la perfection; mais que cette étude doit être faite avec discernement.

Les Grecs, sans doute, consultaient, étudiaient avec soin la nature; mais, quoique ayant des modèles plus parfaits que les modernes, s'ils n'eussent étudié qu'elle, si la philosophie la plus élevée et la plus éclairée ne leur eût pas prêté son secours, nous n'admirerions pas leurs chefs-d'œuvre, parce que nous serions plus habiles qu'eux; car on ne peut révoquer en doute que les modernes ont dépassé les Grecs dans l'imitation de la nature commune. Sous ce rapport, plusieurs peintres flamands sont au-dessus des artistes grecs et des grands peintres des écoles italienne et française.

Soyons donc conséquens, et, puisque nous admirons avec toute justice les chefs-d'œuvre des Grecs, parce qu'ils ont, pour ainsi dire, perfectionné la nature humaine, en s'élevant jusqu'à une nature supérieure, jusqu'à la divinité; cherchons à les imiter, et pour cela employons tous nos efforts pour marcher dans la route qu'ils ont suivie.

Bien peu d'entre les élèves parviendront sans doute à s'élever jusqu'à cette perfection, mais n'eussent-ils gagné à cette méthode que de la connaître et de l'apprécier, ce serait déjà un grand pas de fait. Si enfin, devant renoncer au genre sublime et héroïque de la peinture; ils sont, par le degré de leur talent ou de leur génie, forcés à redescendre à un genre inférieur, à un de ceux dont l'imitation de la nature ordinaire fait le principal mérite, il leur sera certes bien facile de revenir sur leurs pas; car qui peut le plus peut le moins. On reconnaîtrait toujours dans le genre qu'ils auraient adopté l'empreinte de ce goût qu'ils auraient acquis en s'élevant à des études supérieures à ce genre particulier. Dans leurs portraits, par exemple, on remarquerait cet esprit d'observation au moyen duquel on reconnaît d'abord le tempérament et le caractère particulier du personnage. Si ce portrait est celui d'un grand homme, d'un héros, l'artiste, habitué à distinguer les beautés et à les séparer de la nature commune, saura écarter de son ouvrage les défauts de cette nature et tout ce qui peut indiquer la faiblesse humaine. Ce portrait, déprécié par le commun des hommes, parce que généralement ils ne sont frappés que de cette ressemblance qui est appuyée sur l'imitation servile d'une nature presque toujours défectueuse, sera apprécié et admiré par les savans et les philosophes, qui reconnaîtront dans cet ouvrage non-seulement la figure, mais encore l'âme du héros.

La méthode, loin d'éloigner du but ceux-là mêmes qui ne voudraient ou ne pourraient pas s'élever jusqu'au genre héroïque de la peinture ou de la sculpture, contribuera donc au contraire à donner au genre auquel ils se destineraient, toute la perfection dont il est susceptible.

On a d'ailleurs pu voir que, pendant les trois premiers cours, le professeur, ignorant les dispositions et le talent futur des élèves, leur a donné des règles et des principes pour copier la nature telle qu'elle est. Il leur a fait connaître la structure et l'organisation du corps humain, et s'est bien gardé de leur apprendre ce que c'est que la beauté, parce qu'ils étaient encore trop jeunes pour la sentir et pour l'exprimer dans leurs dessins : et parce que, s'ils ne devaient pas suivre la carrière des arts comme artistes, ou au moins comme amateurs ( ce dernier titre, je l'ai déjà dit, ne convient qu'aux classes élevées ou riches de la société ), c'eût été employer mal à propos une partie bien précieuse d'une vie trop courte pour la prodiguer.

A présent au contraire les élèves travaillent réellement à devenir un jour artistes; tout doit donc tendre à leur donner les idées les plus élevées de l'art dans lequel ils aspirent à se distinguer; aucuns moyens ne doivent par conséquent être négligés pour les conduire à la perfection.

*Quatrième trimestre du cinquième cours.*

193. Après avoir donné aux élèves pendant le trimestre précédent la connaissance des formes qui constituent les différens caractères, on continue encore cette étude pendant ce quatrième trimestre; et, si les

progrès de ces élèves le permettent, on passe à l'étude des caractères composés de plusieurs qualités réunies, en suivant la même marche qu'on a suivie jusqu'à ce jour, c'est-à-dire, en allant du simple au composé et en proportionnant les difficultés au degré de force des élèves.

Supposé que les élèves fussent assez avancés pour connaître et dessiner une figure académique réunissant en elle plusieurs qualités ou caractères, par exemple, la force, la noblesse et la légèreté ; dans ce cas on placerait comme point de comparaison à côté du modèle vivant l'Apollon du Belvédère. Le professeur, pénétré lui-même des beautés et de la perfection de cette sublime statue, expliquerait aux élèves les formes et les combinaisons de formes qui constituent ces qualités.

Je sais combien la tâche que j'impose au professeur est difficile à bien remplir. Cependant je pense qu'avec du courage et de la patience, le professeur comme les élèves franchiront les obstacles, et parviendront, sinon de suite, au moins à la longue, au but qu'on se propose. Quand même ils n'atteindraient pas entièrement ce but, il ne faudrait pas se décourager; dans ce monde, les choses sont relatives : la perfection absolue est en Dieu seul; pour l'homme, elle est un être de raison ; celui d'entre les hommes qui en approche, ou paraît en approcher de plus près, est réellement le plus parfait.

Au reste, s'il est des caractères que les élèves peuvent étudier et que le professeur peut démontrer, il en est qui ne sont à la disposition ni du maître ni des élèves. De ce nombre est particulièrement la grâce. Comme le génie, elle est un don du ciel, et dépend d'une certaine organisation morale et physique.

On peut, il est vrai, comme pour le génie, au moyen d'une instruction bien dirigée, féconder les germes de la grâce ; mais il est impossible de la créer, et bien difficile de l'expliquer. Je ne proposerais donc pas un modèle de grâce pour donner cette qualité à ceux des élèves qui en seraient privés ; mais, pour la développer dans ceux qui en sont susceptibles, ou au moins pour former leur goût, je voudrais que le professeur expliquât aux élèves, autant qu'il est possible de l'expliquer, en quoi consiste le caractère de la grâce.

La Vénus de Médicis, à côté d'un modèle de femme bien choisi, en dirait plus que tout ce que le professeur pourrait dire sur la grâce à ceux des élèves qui seraient capables de la sentir.

L'étude des différens âges de la vie et des caractères convenables aux différentes classes de la société, pourra encore occuper les élèves pendant ce trimestre.

Pour le moment, le professeur ne devra pas trop multiplier ces études ; les élèves sont encore bien jeunes ; c'est quand l'âge et l'expérience auront formé leur jugement, c'est surtout quand, se trouvant sous la direction d'un des grands maîtres de l'art, ce dernier jugera qu'ils sont assez mûrs pour cela, qu'ils pourront connaître et étudier avec fruit les parties les plus élevées des beaux-arts, et distinguer des nuances et des beautés qui ne peuvent être senties, et à plus forte raison enseignées, que par les grands artistes.

D'ailleurs beaucoup d'élèves, même parmi ceux

qui auront les plus belles dispositions, devront, s'ils entendent bien leurs intérêts et s'ils sont assez sages pour ne pas trop se presser de jouir, afin de mieux jouir par la suite, redoubler ce cinquième cours. A bien peu d'exceptions près, c'est un conseil que, dans l'intérêt des arts et des artistes, nous donnerons à presque tous les élèves.

Il faudra ajouter deux prix à ceux des cours précédens ; celui d'une académie avec tel ou tel caractère demandé, et un autre pour le dessin d'une académie dans tel ou tel âge indiqué.

Le jury désignera l'action, le caractère et l'âge du sujet des prix.

Comme ce ne sont plus des ébauches qu'on demande aux élèves, mais des dessins recherchés, non-seulement pour le fini des détails, mais encore pour l'exactitude et la beauté des formes, attendu que cette perfection ne peut résulter, comme dans les exercices précédens, d'une exécution spontanée, on déterminerait d'avance le nombre de séances nécessaires pour l'exécution du dessin demandé, et après chaque séance les élèves remettraient leurs portefeuilles, lesquels seraient renfermés dans une armoire dont le membre du jury qui serait de service emporterait la clef.

Quant aux prix eux-mêmes, le conseil ou jury ferait un choix des ouvrages sur les arts qui peuvent être les plus utiles à leur perfectionnement, et déterminerait d'avance pour chaque cours quels seraient ceux de ces ouvrages qui seraient attachés à chaque classe de prix. Ce genre de récompense serait, je crois, plus utile aux élèves et aux arts que des couronnes et même des médailles, quelle que soit leur valeur intrinsèque.

## SIXIÈME ET DERNIER COURS.

194. Au point où se trouvent les élèves à la fin du cinquième cours, ou bien après l'avoir redoublé, il semblerait que le moment est venu de les engager à prendre leur parti pour la peinture ou pour la sculpture. Telle était d'abord mon opinion; mais j'ai pensé que, ne s'étant exercés particulièrement sur aucune de ces deux parties de l'art, ni les élèves eux-mêmes, ni le professeur ne pouvaient juger de leurs dispositions, ni apprécier leur goût pour l'une ou l'autre de ces parties.

D'un autre côté, en réfléchissant sur ce que j'ai dit relativement au degré de talent que les élèves devraient déjà avoir acquis, quand ils se présentent à l'école d'un grand maître, j'ai pensé qu'ils n'y étaient pas encore assez préparés pour profiter convenablement de ses leçons.

Enfin, il n'est pas de peintre habile qui ne sente et qui n'ait éprouvé, dans des circonstances que je n'ai pas besoin d'expliquer, combien il est utile pour lui de savoir assez modeler pour pouvoir disposer soi-même les groupes d'une composition, afin d'en examiner les effets. Si pour la sculpture l'étude du mécanisme de la peinture est moins nécessaire, au moins elle ne peut y nuire, surtout si les élèves n'y emploient que le temps nécessaire pour connaître leur goût pour la peinture ou la sculpture.

Ce sixième cours serait donc employé par les élèves à revenir sur les études de l'année précédente, mais en employant d'autres moyens d'exécution. Partie des élèves s'exercerait à la peinture monochrome, c'est-à-dire, peindrait à l'huile, mais, avec une seule couleur modifiée par le blanc et le noir.

L'autre partie s'exercerait à modeler. Ces études, qui seraient alternatives entre les élèves, par mois ou par semaines, se feraient d'après nature et en suivant la même méthode que dans le cours précédent ; on placerait toujours à côté du modèle, une statue antique d'un caractère analogue à l'objet proposé à l'étude des élèves, auxquels le professeur expliquerait ce qui constitue cette analogie.

Je n'ai point divisé ce cours par trimestres, parce qu'à l'exception des moyens d'exécution qui diffèrent, ce cours est le même que le précédent, et a pour but, outre les motifs que j'ai indiqués ci-dessus, celui de fortifier les élèves dans les études dont ils se sont occupés dans le cinquième cours.

L'expérience indiquera si les progrès de la majeure partie des élèves permettent de leur faire dessiner des groupes. Dans ce cas, que je crois très-probable, on commencerait cette étude au bout des six premiers mois du cours. On débuterait par des groupes de deux et ensuite de trois modèles, ayant soin de réunir ensemble des modèles d'âges, de sexes et de caractères différens, afin de multiplier les moyens d'étude et les difficultés, suivant les progrès que le professeur remarquerait dans ses élèves.

On sera peut-être étonné de voir mes élèves faire autant de chemin et en aussi peu de temps; mais, si on réfléchit sur la manière dont ces élèves sont préparés, si on se rappelle que ceux seulement qui avaient des dispositions réelles pour les arts ont été admis à suivre cette étude au-delà du troisième cours; on conviendra avec moi qu'une fois lancés dans cette carrière, ils doivent y marcher bien plus rapidement que par les méthodes ordinaires, suivant lesquelles les élèves rencontrent à chaque pas de nouvelles difficultés qui les retiennent souvent fort long-temps, parce qu'ils ignorent les moyens de les franchir: non-seulement on ne leur a pas fait connaître ces moyens, mais encore on leur a laissé ignorer les difficultés; on leur a montré la carrière des arts, comme un chemin semé de myrtes et de roses; ils n'en connaissent donc les épines que par leurs piqûres dont le venin empoisonne des jouissances trop précoces et trop faciles en apparence.

Par ma méthode au contraire, on s'est occupé des difficultés; par une sage prévoyance on s'est attaché à détruire toutes les épines; toutes, je me trompe, il en reste encore beaucoup; mais au moins nous croyons avoir fait un grand pas en détruisant la plus dangereuse de toutes, l'amour-propre. Nos élèves ont, il est vrai, la conscience de leurs talens, ils connaissent leurs forces, que des épreuves multipliées les ont mis à même d'apprécier; ils peuvent et savent se rendre justice sur leurs dispositions pour l'étude des beaux-arts, parce qu'ils en connaissent toute l'étendue et toutes les difficultés: s'il leur en reste beaucoup encore à surmonter, avant d'arriver à la fin de la carrière, ils les connaissent d'avance, et, ce qui est aussi important, ils savent les moyens de les franchir. L'expérience leur a déjà prouvé qu'avec du courage, de la constance, et de l'amour pour la gloire, quand d'ailleurs on est doué par la nature d'une organisation convenable, on vient à bout de tout, et qu'on acquiert, pour vaincre les plus grands obstacles, une facilité dont on est soi-même étonné.

Qu'on ne s'effraye pas d'ailleurs, je le répète, de cette facilité, elle est telle que bien peu pourront y prétendre ; ce cours ne sera jamais très-nombreux, et si par hasard il l'était, il ne faudrait pas s'en plaindre, ce serait une preuve que la France peut produire beaucoup d'hommes à talens; elle n'aura jamais rien à craindre d'un genre de richesse qui contribue toujours à la prospérité et à la gloire des nations ; cette gloire honore l'humanité et ne la fait jamais gémir.

A la fin de ce cours, les prix seraient accordés par le jury dans l'ordre suivant :

1°. Un prix pour l'académie la mieux peinte; un pour la mieux modelée dans un caractère demandé ;

2°. Pour le groupe de deux figures, mêmes prix;

3°. Pour le groupe de trois figures, mêmes prix ;

4°. Un premier prix ou prix d'excellence, à celui qui dans le groupe de trois figures aurait le mieux fait sentir les caractères, les âges et les expressions demandées par le jury.

Comme l'expression ne peut se copier d'après nature, surtout dans l'intérieur de l'école, et que cette partie de l'art est une de celles qui dépendent du génie, qui est souvent incompatible avec la patience nécessaire pour l'exécution minutieuse des détails, le jury dans ce cas s'attacherait moins au fini de ces détails, c'est-à-dire, à la partie mécanique de l'art, qu'à la partie morale, à l'expression des passions, qui, jointe à un dessin correct et aux autres qualités dans un degré convenable, motiverait pour ce prix la décision du jury.

~~~~~~~~~~~~~~~~~~~~~~~~~~~~~~~~~~~~~~~~~~~~~~~~~~~~~

FIN DU COURS DES ÉTUDES DU DESSIN.

*Quelques observations sur la destination ultérieure des élèves qui auront suivi les cours de dessin.*

195. Les élèves qui, par leur application et leurs dispositions naturelles, ont mis à profit les études des trois derniers cours du dessin, sont préparés pour entrer dans le sanctuaire des beaux-arts et pour y être initiés par les grands maîtres à des mystères qu'eux seuls peuvent leur dévoiler. Mais quel maître choisiront-ils ? Quelle sera la partie des beaux-arts qu'ils adopteront ?

Du choix que vont faire ces élèves dépend leur destinée ; une erreur peut leur être bien funeste, ils ne sauraient donc mettre trop de sagesse et de discernement dans le parti qu'ils vont prendre. Le prendront-ils d'eux-mêmes ce parti, ou bien suivront-ils sur cela les conseils du professeur de dessin. Ce dernier a été à même d'observer avec soin toutes les qualités morales et physiques des élèves, son expérience peut donc leur être d'un grand secours, ils feront bien de la consulter ; et, autant que pourra le permettre la légèreté de leur âge, de combiner ses idées sur cela avec leur goût particulier, afin d'établir une décision aussi importante pour leur gloire et leur bonheur futur.

Plusieurs des membres du jury se seront attachés plus particulièrement à suivre les cours de dessin, ils auront observé les élèves et auront apprécié les différens degrés de leurs talens; ils pourront donc aussi les aider de leurs conseils. Ces conseils, émanés d'esprits éclairés, dictés par l'amour des arts et par un goût épuré par la science, seront d'autant plus sûrs qu'ils seront impartiaux. Je suis convaincu qu'ils se feront un plaisir de venir au secours de l'inexpérience de jeunes gens qu'ils regarderont comme leurs enfans adoptifs, parce qu'ils verront en eux l'espérance et la gloire de la patrie.

Il restera aux élèves qui se seront décidés pour la peinture, un nouveau choix à faire, et ce choix est bien important.

La peinture se divise en bien des genres; ces genres sont plus ou moins élevés; les élèves pour faire un choix doivent avoir égard à bien des considérations; après le génie et le talent, une des plus importantes est la fortune. Il n'est sans doute pas nécessaire qu'un jeune homme qui se destine aux arts soit riche, il serait peut-être dangereux qu'il le fût; la richesse donne trop de facilité pour se procurer des jouissances dans un monde où tout porte à la frivolité et à une dissipation incompatibles avec l'étude des beaux-arts. Mais pour s'élever jusqu'au genre héroïque de la peinture, il faut que, soit par lui-même, soit par l'appui d'un riche protecteur, l'élève ait les moyens de suivre ses études aussi loin qu'il est nécessaire, sans en être détourné par le besoin de subvenir à son existence; il faut même qu'il puisse faire, pour ces études, des frais quelquefois considérables.

Si ces frais sont au-dessus de ses facultés; si, ce qui est encore pis, il est talonné par le besoin, il se trouve arrêté au milieu de sa carrière, et le plus beau talent va s'éteindre dès son aurore *. La faim peut stimuler l'industrie, mais elle tue le génie.

Pour que le génie de l'homme puisse s'élever aussi haut qu'il est possible à sa nature, il faut qu'il soit indépendant des choses terrestres, et ne se ressente, pour ainsi dire pas, des besoins de l'humanité.

Le genre héroïque a sans doute bien des attraits pour une âme élevée. Ce genre conduit à la gloire et même

---

\* La munificence de nos rois a depuis long-temps paré à cet inconvénient. Les élèves qui sont envoyés à Rome y sont entretenus aux frais du gouvernement. Mais n'en reviennent-ils pas quelquefois trop tôt? L'objet d'une aussi belle institution n'est-il pas manqué, si après leur retour ils sont abandonnés à eux-mêmes, et sont forcés de livrer au public leurs ouvrages, avant que leur talent soit arrivé au degré convenable? Ne serait-il pas utile, pour la gloire des arts et du royaume, de soutenir jusque-là ces artistes, et, si on leur commande des ouvrages, de leur donner tout le temps et tous les moyens nécessaires pour donner à ces ouvrages toute la perfection possible? Nous admirons à juste titre les chefs-d'œuvre des Grecs; mais il est tel artiste grec qui aura employé une partie de sa vie à étudier, et l'autre à exécuter un de ces chefs-d'œuvre.

à l'immortalité : mais, par quels sacrifices ne paye-t-on pas quelquefois ces brillans avantages? Le moindre de tous, pour un grand artiste, est sûrement celui de la fortune ; mais que de peines, que de travaux avant qu'on soit arrivé jusqu'aux dernières limites de l'art! et encore après les avoir atteintes, il est bien rare qu'on obtienne de ses contemporains le prix de tant d'efforts. La mort seule peut désarmer l'envie, et ce n'est souvent, hélas ! que sur la tombe des grands hommes que la justice humaine vient payer un tribut qu'elle leur avait refusé pendant leur vie.

Outre le génie, le talent et les moyens pécuniaires, il faut donc encore que l'âme du grand artiste soit douée d'une force et d'une énergie capables de résister à tout, même à l'injustice des hommes.

L'amour des arts m'a inspiré ces réflexions ; elles ne peuvent donc avoir pour but de décourager les artistes qui s'occupent du genre héroïque, ni d'effrayer ceux qui aspireraient à s'élever jusque-là. Mais, dans un moment où tout le corps social se ressent encore des secousses d'une révolution qui a tout déplacé, j'ai pensé que tout devait tendre, non à arrêter, mais à maîtriser et diriger un mouvement qui, sous le rapport des arts, finirait par nous conduire à la barbarie, comme il nous conduirait à notre ruine sous le rapport de la fortune.

Bien des gens seront étonnés, sans doute, de mes craintes. Eh quoi! diront-ils, est-ce au moment où l'étranger aperçoit à chaque pas l'adresse d'un artiste, et où les rues sont autant de galeries d'exposition de tableaux faits pour orner des salons, qu'on vient nous parler de barbarie ? Tout ne prouve-t-il pas que le goût des beaux-arts est porté à son plus haut degré ? ce goût d'ailleurs ne peut que se perfectionner. A peine nos enfants sont-ils nés, qu'on met entre leurs mains des crayons et des pinceaux, et ils ne manquent pas de maîtres ; le nombre en est si grand, que nous ne sommes embarrassés que du choix.

Eh bien ! je leur dirai : ce sont précisément toutes ces raisons qui me font craindre la barbarie ; on n'en est jamais si près que quand les beaux-arts s'étendent au point de se prostituer ; comme on n'est jamais si voisin de la ruine, que quand le luxe est porté à son dernier période.

Si dans l'intérêt de l'état, comme dans celui des particuliers, il est convenable de maintenir ce luxe dans certaines bornes et de l'assujettir aux convenances sociales, il serait dangereux d'employer pour cela des lois prohibitives ou répressives, dont l'effet serait peut-être de paralyser le commerce et l'industrie ; mais les institutions sociales, mais l'opinion fondée sur la morale, ne peuvent-elles pas flétrir le banqueroutier dont la faillite a eu pour cause un luxe imprudent, dirai-je même criminel, puisque, dans ce cas, il cause la ruine de sa famille et quelquefois celle de ses créanciers ?

Le débutant dans le commerce n'emploira plus la moitié de ses capitaux pour les décors de sa boutique ; s'il sait que cet éclat trompeur n'en impose point à des hommes assez sages pour préférer un comptoir modeste, mais rempli d'or et d'argent, à celui qui, sous de brillantes apparences, reste vide ; s'il sait, dis-je, que la bonne foi modeste obtient plus de crédit qu'un charlatanisme imposteur.

Il en sera de même des arts : Que par un moyen quelconque on parvienne à former et surtout à fixer le goût général de la nation, surtout celui de ceux qui sont à même de soutenir les beaux-arts, et d'encourager les artistes qui les honorent par leur génie, leurs talens, et surtout par la noblesse de leur emploi; que, d'un autre côté, on relègue dans la classe des artisans les peintres d'enseignes, ceux qui, étalant dans les rues leurs ouvrages, sont obligés, pour se faire connaître, d'indiquer leur adresse chez la fruitière voisine ou le marchand de vin du coin, et enfin tous ceux qui déshonorent et prostituent les beaux-arts : alors on verra renaître les beaux jours de la peinture; le titre d'artiste, reprenant son antique éclat, sera un des plus beaux dont l'homme puisse s'honorer, puisqu'il sera fondé sur une gloire qui doit rejaillir sur la patrie.

Au reste, vouloir rendre au titre d'artiste son éclat, n'est pas vouloir déprécier celui d'artisan. Si le génie fait la gloire des nations, l'industrie fait leur fortune. Tout homme qui se rend utile à ses semblables et à son pays, a donc des droits à l'estime, quand il remplit honorablement et même honnêtement la tâche qui lui est imposée par la nature et la société dont il fait partie.

Il est juste cependant de distinguer les degrés de l'échelle des arts, et de tracer une ligne de démarcation entre les beaux-arts et les arts mécaniques.

Cette ligne est indiquée par la nature même. Ce qui distingue l'homme des animaux et lui donne sur eux un empire qu'il n'eût jamais pu obtenir par ses facultés physiques, ce sont les facultés morales. De toutes les facultés morales, le génie est, sans nul doute, la plus noble et la plus élevée. Le génie donne donc à l'homme une force supérieure à celle de toutes les facultés physiques.

Cette force est dans un degré proportionnel avec le degré de génie dont est doué chaque individu. D'après cela, il est facile d'assigner un rang à tous les individus de l'espèce, ou, pour mieux dire, de reconnaître ce rang, fixé par la nature elle-même : l'état social formera dès-lors une échelle dont la solidité dépendra de la fixité des degrés qui la composeront.

Le génie est la première de toutes les qualités nécessaires au genre héroïque de la peinture ; ce genre occupera donc le premier degré de l'échelle des beaux-arts.

Ce premier degré étant placé à une distance infinie du sol terrestre, le second degré et même plusieurs des suivans seront encore très-élevés. On pourra donc prétendre à la gloire en parvenant à plusieurs degrés au-dessous du genre héroïque.

Le Poussin dans ses magnifiques et savans paysages, Van-Dyck dans ses sublimes portraits, Vernet dans ses marines, Paul Poter dans ses animaux, et un grand nombre de peintres flamands, entre autres Gérard Dow, Miéris, etc., dans l'imitation de la nature ordinaire, ont prouvé qu'il était possible de prétendre à la gloire dans tous les genres de la peinture. Il ne s'agit que de s'y distinguer par un talent particulier, et d'en faire un emploi conforme à la dignité du plus noble des arts. De nos jours on a vu l'étude de la miniature, de la nature morte, des fleurs, etc., etc., illustrer des artistes qui, en portant au plus haut degré de perfection le genre qui convenait à leur talent, ont mérité une place distinguée dans les annales des beaux-arts.

Les élèves feront donc bien de se décider de suite pour le genre qui conviendra à leur goût et à leurs différens moyens.

Au reste, si tous les élèves qui ont suivi les six cours, ne peuvent prétendre au genre héroïque, qui est le *nec plus ultra* de la peinture, la majeure partie de ces élèves, d'après la manière dont ils ont été admis à suivre ces cours, et celle dont ils ont été préparés, pourra prétendre à d'autres genres distingués, tels que l'histoire des temps modernes, les scènes familières, le portrait, le paysage historique, etc.

Ce dernier genre, dans lequel Le Poussin a déployé toute sa science, ouvre un vaste champ à l'étude. J'ai vu avec plaisir, en dernier lieu, un amateur distingué des beaux-arts\*, émettre son vœu pour qu'on accordât un prix particulier à ce genre qui peut embrasser tout ce que la peinture a de plus sublime. Ce genre, effectivement, nous reporte comme l'histoire aux temps

---

\* M. Boutard, dans le bulletin du Journal des Débats du 12 juillet 1816, à l'article Beaux-Arts, en parlant du concours pour le grand prix de peinture, parle de son vœu et de celui de l'académie des Beaux-Arts, pour l'établissement d'un prix pour les paysagistes.

héroïques, et remet sous nos yeux tout ce que la nature et l'art peuvent et ont pu produire de plus majestueux.

Porté au degré auquel il pourrait s'élever, ce genre serait le rival du genre héroïque; il serait même le premier de la peinture s'il pouvait admettre des figures d'une dimension pareille aux grands tableaux d'histoire.

Les élèves qui voudront s'occuper de ce genre auront dû non-seulement suivre les six cours du dessin, mais encore ils devront étudier à l'école d'un grand maître la composition historique, continuer l'étude du modèle et de l'antique, étudier en même temps et avec soin le paysage et la perspective, ainsi que l'architecture, et enfin aller reconnaître et étudier eux mêmes, en Italie, en Grèce et en Asie, la nature même des lieux qui ont servi de théâtre aux héros des temps héroïques.

C'est particulièrement pour ce genre que la fortune devra se joindre au talent; or, comme le talent ne s'allie pas toujours à la fortune, il serait nécessaire d'y suppléer en donnant à l'élève qui aurait obtenu le prix, les moyens de voyager en Italie, en Grèce et en Asie. Je pense que deux ans dans chacune de ces contrées suffiraient à ses études.

Pour s'assurer d'avance que ces voyages seraient faits avec fruit, on ne devrait pas accorder le prix d'après la seule exécution d'un tableau. Ce genre exige une grande masse de connaissances; les élèves devraient donc non-seulement subir l'épreuve de l'exécution d'un paysage historique, jugé par les grands artistes, mais encore ils devraient être examinés par un jury de savans sur l'histoire ancienne, sur la géographie comparée, sur l'architecture antique, sur les mœurs et usages des anciens, je crois même nécessaire d'ajouter, sur la littérature grecque.

Nul doute que celui qui, à toutes ces connaissances, réunirait le talent de la peinture, porterait le genre du paysage héroïque aussi loin qu'il est possible. Si ensuite on lui donnait les moyens de faire des voyages dont ses connaissances le mettraient à même de profiter, à son retour, on aurait non-seulement un grand artiste, mais un savant de plus (*).

Quant à plusieurs des autres genres dont j'ai parlé plus haut, particulièrement les fleurs, les animaux, la nature morte, le paysage agreste, et même la miniature, c'eût été faire perdre un temps précieux pour les études particulières à ces differens genres, aux élèves qui étaient dans le cas de s'y destiner, de leur faire suivre les six cours du dessin.

---

* Un de nos contemporains, en marchant sur les traces du Poussin, a non-seulement fait preuve, dans ses paysages historiques, d'un talent éminent pour la peinture, mais nous a fait connaître l'étendue de ses connaissances et son amour pour les beaux-arts, dans un ouvrage fait pour servir de guide aux artistes qui voudraient suivre la même carrière.

Cet ouvrage, fruit d'une savante théorie appuyée sur l'expérience d'une pratique éclairée, a pour titre : *Elémens de perspective pratique, à l'usage des artistes; suivis de réflexions et conseils à un élève sur la peinture, et particulièrement sur le genre du paysage;* par P.-H. VALENCIENNES.

A la fin du quatrième cours, on a dû engager ceux des élèves qui, par leurs moyens, ne pouvaient prétendre aux genres les plus élevés de la peinture, à prendre leur parti, soit en renonçant aux arts, soit en s'attachant à un des genres qui exigent du goût et même du talent, mais n'exigent pas un génie ni des connaissances aussi étendues que la haute peinture.

Je suis loin de croire que j'aie rempli convenablement la tâche que je m'étais imposée en entreprenant cet opuscule : il est sûrement des choses que je n'ai pas assez développées, il en est sans doute d'autres sur lesquelles on me reprochera de m'être trop étendu ; si je n'avais pas pour exemple l'ouvrage du grand *Léonard de Vinci*, qui me prouve qu'on peut se permettre d'écrire sur les arts, sans avoir cet esprit d'ordre qui distingue les habiles littérateurs ; si, dis-je, je n'avais point été encouragé par l'estime qu'on fait généralement de cet ouvrage, malgré ses défauts littéraires, j'aurais hésité à livrer le mien au public. Il n'est que trop vrai que je suis bien loin d'être un *Léonard*, et que je n'ai pas, pour faire pardonner les défauts de mon ouvrage, un nom capable de faire autorité : aussi ce n'est pas comme un législateur dictant des lois, mais sous l'humble titre d'amateur passionné des arts, que j'ai cru pouvoir me permettre de faire des propositions qui ont pour but leur gloire et leur perfection.

Quelque imparfait que soit mon ouvrage, je dois m'arrêter ici, ne fût-ce que pour ne pas abuser plus long temps de la bienveillance de mes lecteurs.

Je finirai donc en déclarant que dans ce qui précéde, comme dans tout le cours de cet ouvrage, je n'ai eu l'intention d'humilier qui que ce soit. Si je me suis exprimé avec franchise sur les abus qui se sont introduits dans les arts, par suite d'une révolution qui, pour en réformer quelques-uns, en a engendré un plus grand nombre, et d'une espèce d'autant plus dangereuse, qu'ils ont influé et influent encore sur l'esprit et les mœurs de la nation; il n'y a eu de ma part ni préjugés, ni acrimomie ; aidé de la philosophie, j'ai cherché à voir les choses avec les yeux de la raison, et à les juger sans passion, je n'en ai point eu d'autre que celle du bien public. Si cette passion m'a jeté dans quelque écart et m'a fait commettre quelques erreurs, je me ferai un plaisir de les réparer, aussitôt qu'on me les aura fait connaître.

Je soumets d'ailleurs cet opuscule, ainsi que ma méthode, aux lumières des savans et des artistes. Persuadé de leur indulgence pour le style peu châtié d'un débutant dans la littérature, je recueillerai avec autant de plaisir que de soin leurs observations sur le fonds de mon ouvrage et sur la méthode elle-même ; parce que ces observations, appuyées sur la science et l'expérience, me seront, j'en suis certain, communiquées avec cette bienveillance qui caractérise les grands talens. Enfin j'attendrai avec autant de respect que de résignation leur jugement, parce qu'il sera fondé sur la justice et dicté par l'amour des arts et de la patrie.

# PRÉCIS

## DE MA VIE PITTORESQUE.

Né à la campagne, où j'ai passé les premières années de mon enfance, j'éprouvai de bonne heure, à la vue des beautés de la nature, un sentiment vif et profond dont l'influence a fixé, pour toute ma vie, mes goûts et mes idées.

Ce que je voyais dans mon village ne pouvait guère me donner une idée de cet art divin qui transporte sur la toile et perpétue ces scènes sublimes et fugitives qui jetaient mon âme dans le ravissement. Cependant, quand dans mes songes le tableau fidèle d'un beau coucher du soleil s'était représenté à mon imagination, à mon réveil je cherchais à réaliser ce tableau; j'inventais l'art, pour ainsi dire; et, si alors on m'eût laissé libre de suivre le penchant qui m'entraînait, peut-être serais-je devenu peintre, guidé par la nature et la vivacité du sentiment.

Le collége et les études scolastiques vinrent apaiser ce feu, qui se ranima quand je pus comprendre Virgile. Je vis alors qu'on pouvait peindre la nature autrement qu'avec des pinceaux et des couleurs; je désirais donc m'attacher à ce genre de peinture, mais il me fallut y renoncer.

Admis à la cour du meilleur des rois, au service du plus respectable des princes\*, je quittai, presque avec regret, les murs du collége, parce que j'y laissais mon cher Virgile. D'après l'idée que je m'étais formée de ce qui constitue la richesse, je m'attendais à ne voir que de l'or dans le palais des rois. J'avais alors douze ans, et je n'avais encore vu que mon village et un collége de province. La maison paternelle, quoique honorée du titre de château, et le collége, n'avaient pu me donner une idée convenable d'un palais. On s'imaginera donc facilement ma surprise à la vue de celui de Versailles.

Parmi toutes les beautés de l'art et de la nature, exposées à mes regards dans ce lieu où la magnificence d'un grand monarque et les talens des grands artistes que son règne a faits naître, se sont réunis pour embel-

---

\* Aucun de ceux qui ont survécu à la révolution, n'a oublié le respectable duc de Penthièvre. Sa bonté, sa bienfaisance s'étendaient à tout ce qui l'entourait : des voyages fréquens dans ses terres le mettaient à même de multiplier ses bienfaits, et d'exercer directement ses vertus; il ne s'arrêtait nulle part sans en laisser des traces, et l'impression profonde qu'elles ont produites dans les cœurs, a survécu aux passions et aux orages révolutionnaires. Je n'ai pu m'empêcher de me détourner un instant de mon objet pour payer à ce bon prince un juste tribut de ma vénération et de ma reconnaissance; car c'est à lui, c'est à l'éducation que j'ai reçue dans sa maison, que j'ai dû les premiers élémens d'un art qui a fait toujours le charme et souvent la ressource de ma vie.

lir la demeure de nos rois, ma vue se reportait malgré moi sur les tableaux, particulièrement sur les paysages, sur ces scènes sublimes que j'avais admirées dans la nature ; mes rêves s'étaient réalisés. Un coucher du soleil de Claude le Lorrain me mettait dans l'extase, et alors je le préférais à tous les autres tableaux, même à ceux de Raphaël.

J'étais encore bien jeune, je n'avais conçu la peinture que dans ses rapports avec mes sensations précédentes. L'idée de la beauté dans la nature humaine n'avait point encore frappé ni mon âme ni mes sens. N'ayant point éprouvé l'effet des différentes passions, je ne pouvais les reconnaître et encore moins les admirer dans les tableaux. Le temps n'était point encore venu où je pourrais apprécier le mérite de l'ordonnance, le sublime de la composition, la fidélité de l'exécution d'un sujet historique en analogie parfaite avec le récit des auteurs qui nous l'ont transmis. Au milieu de tant de moyens de jouir, je n'éprouvais qu'une seule jouissance ; mais, elle était bien vive et absorbait tout mon être.

On croira bien aussi que de tous les maîtres qui alors me furent donnés, celui qui obtint la préférence fut le maître de dessin : dès les premières leçons je m'attachai à lui d'une manière si vive, que par réciprocité il m'accorda tous ses soins. Je ne les ai jamais oubliés ; ma reconnaissance l'a suivi au-delà du tombeau où la révolution l'a précipité. Il encouragea mes premiers pas dans une carrière que j'eusse voulu parcourir exclusivement ; mais il n'est pas donné à l'homme de faire ce qu'il veut; et dans tout le cours de ma vie, il m'est arrivé, comme à tant d'autres, de faire précisément le contraire de ce que je désirais.

Le genre d'éducation que je recevais à cette époque, ne me permettait guère de suivre entièrement mon goût pour les arts. Dix maîtres différens, dont les principes et les moyens étaient entièrement contraires, disposaient malgré moi d'un temps que j'eusse voulu consacrer en entier au dessin; cependant, le peu de temps que je pouvais dérober à d'autres exercices et aux récréations, était employé à cette étude favorite. Le premier fruit que j'en retirai fut de pouvoir, sinon juger et apprécier, au moins sentir une partie des beautés dans d'autres tableaux que dans ceux de *Claude le Lorrain*.

Ce ne fut au reste que graduellement que j'arrivai à éprouver ces sensations: je ne pus me détacher que petit à petit de l'exclusion pour les scènes de la nature ( produit des premières impressions ). Des paysages je passai aux scènes champêtres; elles me rappelaient les tableaux de Virgile. Vinrent ensuite les portraits, dans lesquels j'admirais la fidèle imitation de la nature. J'ignorais encore qu'on pût ennoblir, à force de talent et de génie, la nature même. Un tableau d'histoire me frappait vivement; mais le coloris brillant, l'effet, étaient les seules beautés que j'y apercevais; par conséquent il était naturel qu'un tableau de *Rubens* fît plus d'effet sur moi qu'un tableau de *Raphaël*, de ce grand peintre dont on ne peut apprécier toutes les beautés que quand on a non-seulement pénétré, mais encore séjourné long-temps dans le sanctuaire des arts. Pour moi je n'étais encore qu'à la porte : à peine avais-je monté quelques degrés du péristyle et avais-je commencé à apercevoir l'intérieur du temple, qu'il me fallut quitter le guide aimable qui jusqu'alors m'avait conduit.

L'orage révolutionnaire commençait à gronder; je fus forcé de me retirer sous le toit paternel. Là je me retrouvai au milieu des scènes qui naguère m'avaient charmé; je les revoyais avec plaisir, mais ce plaisir était moins vif qu'autrefois. Par les études faites jusqu'à ce jour, j'avais déjà découvert d'autres beautés dans une autre nature. Je les avais perdues de vue; je cherchais bien à en retrouver la trace, mais je n'avais ni maîtres, ni tableaux, ni dessins pour me servir de guides. Je soupirais donc vivement après le moment où je pourrais me remettre sous leur direction.

Ce moment arriva enfin ; mais dans quelles circonstances ! Appelé par mon devoir et par l'honneur auprès de mon roi, je vins lui offrir mon sang et ma vie.

Je profitai de mon séjour à Paris pour reprendre l'étude du dessin : trop jeune encore pour m'occuper de politique, ni pour voir jusqu'où irait la révolution, j'éprouvais cependant le pressentiment qu'un jour cet art contribuerait à mon existence ; ainsi ce motif, joint à mon goût naturel, me fit suivre entièrement mon penchant pour la peinture.

Le bon, l'estimable *M. Vincent,* aussi connu par ses talens que par son attachement à l'auguste dynastie royale, daigna m'admettre au nombre de ses élèves; j'espérais avoir le temps de profiter de ses aimables et savantes leçons; mais, hélas! à peine avais-je eu celui d'en sentir toute la valeur, que des catastrophes, dont je faillis périr victime, me forcèrent de sortir de Paris, de quitter l'habit d'officier pour celui de simple soldat, et d'échanger la palette et les pinceaux contre un fusil et une giberne.

Malgré le peu de temps que les événemens m'avaient permis de consacrer à l'étude chez M. *Vincent*, ce savant professeur, par la clarté de ses leçons, avait rompu le voile qui jusqu'alors avait caché à mes yeux des beautés dont je n'avais pas d'idée, ou que je n'avais que pressenties. J'entrais d'ailleurs dans l'âge où l'imagination et les facultés morales se développent dans la même progression que les facultés physiques; je commençais à ressentir l'effet des passions; j'apprenais donc à les connaître par moi-même, et au dehors je ne manquais pas d'objets d'études. L'époque à laquelle je me trouvais était malheureusement trop favorable à ce genre d'observations; elles me conduisirent à reconnaître dans les ouvrages de l'art, un genre de beautés que jusqu'alors j'avais été hors d'état d'apprécier.

Je sortis donc de chez M. Vincent, bien faible pour l'exécution, mais avec des principes et un esprit d'observation dont je trouvai l'occasion de faire usage dans les différentes circonstances subséquentes de ma vie.

A l'armée j'appliquai ces principes et mes observations à une science dont on ne m'avait donné aucune idée. Sans autre étude préliminaire, avec des notions très-imparfaites de mathématiques et de géométrie, je devins topographe en étudiant l'anatomie de la terre, et je parvins à pouvoir, au premier coup d'œil, juger par analogie les côtés inconnus des montagnes, par un seul côté visible, et à déterminer, sans les voir, leurs côtés accessibles.

De simple soldat je fus nommé capitaine du génie, et, sans autres moyens que le dessin, j'en remplis les fonctions avec honneur. Souvent, sans autre instrument qu'un œil géométrique, je mesurais des distances très-étendues, et levais au galop, quelquefois sous le canon de l'ennemi, le plan d'une ligne de plusieurs lieues. Enfin, à l'âge de vingt ans, le grade de général me fut offert; mais, d'après l'horreur que m'inspiraient les crimes du gouvernement d'alors, et l'assassinat de ma mère, ordonné par les monstres qui le composaient, loin d'accepter ce grade, je quittai spontanément et avec douleur ma patrie, et me réfugiai en Espagne, où je reçus de l'amiral *Gravina* la plus généreuse hospitalité*.

---

* Je ne puis m'empêcher de répéter ici ce que j'ai déjà dit dans le seul ouvrage de politique que j'aie jamais écrit (*La Patrie sauvée*), ouvrage dicté par l'amour de mon Roi et de ma patrie, dans un moment où je les voyais menacés des plus grands malheurs, et par lequel, me plaçant entre les extrêmes et luttant contre toutes les passions, j'avais cherché à réunir tous les partis autour du trône légitime.

Dans cet ouvrage, dont je dois m'honorer, non comme littérateur, mais comme royaliste-patriote (en considérant ces deux titres dans leur acception la plus étendue et la plus élevée), j'ai dit qu'ayant échappé par miracle à la mort, le 10 août 1792,

Transporté au bord de cet amiral distingué par ses talens, sa bonté, sa bravoure et sa loyauté, je me trouvai sur un élément jusqu'alors inconnu pour moi. L'amiral eut la bonté d'apprécier mon goût pour les arts, et de m'engager à lui donner une nouvelle direction en en faisant l'application à l'étude de la marine. La reconnaissance pour ses bontés m'en faisait un devoir.

---

et n'ayant pu m'y soustraire le 2 septembre suivant, qu'en sortant de Paris comme simple soldat, je fus au bout de quelque temps dirigé du côté de l'Espagne, et attaché, par suite de mon goût pour le dessin, à l'état-major de l'armée des Pyrénées, comme capitaine du génie topographique; que, pendant le peu de temps que je restai à cette armée, j'eus occasion de voir ce que depuis nous avons tous été à même d'observer: c'est que ceux-là même qui paraissaient combattre avec le plus de valeur pour le nouvel ordre de choses, étaient souvent bien loin de partager les sentimens, et encore moins les crimes des gouvernans. Beaucoup professaient des opinions si nobles, que plusieurs d'entre eux les ont expiées en portant leurs têtes sur l'échafaud.

A cette époque, presque tout l'état-major et une grande partie des officiers de cette armée, étaient dans le fond du cœur royalistes, quoique servant avec valeur une cause opposée (ces états-majors étaient continuellement dénoncés dans les clubs comme royalistes).

Si on me demande d'où vient cette contradiction, je répondrai que la valeur est tellement inhérente au caractère de la nation, qu'un Français, quoique placé malgré lui dans les rangs, s'y comportera toujours avec bravoure et avec honneur. N'avons-nous pas vu, depuis l'époque affreuse dont je parle, des conscrits, arrachés violemment des bras de leurs parens,

Par le goût d'observation qui m'était naturel, je parvins facilement, et en très-peu de temps, à connaître la structure et les manœuvres maritimes. Sur la mer, dont j'observais avec soin les nuances, les mouvemens et les formes, dont je recherchais les causes et les effets, j'eus occasion de revoir souvent les tableaux qui m'avaient frappé dans mon enfance. Un horizon plus étendu

---

traînés souvent chargés de chaînes à l'armée, malgré leurs cris et leurs larmes, être transformés en héros une fois qu'ils se trouvaient dans les rangs de cette armée dont ils avaient eu tant d'horreur, et affronter une mort presque toujours certaine, avec intrépidité, pour un homme qu'au fond du cœur ils abhorraient? Tels sont les Français.

Si ensuite on me demande pourquoi ces hommes, qui au fond du cœur étaient royalistes, n'émigraient pas ; je répondrai qu'il n'est pas donné à tout le monde d'avoir le courage d'abandonner sa patrie. Quant à moi, j'avouerai franchement que ce n'est qu'avec la plus vive douleur que j'ai pu prendre ce parti. Jamais le mot *patrie* n'a été pour moi un être de raison; et, dans le moment même où par devoir, par honneur, par sentiment, j'abandonnais mon pays, gouverné par les assassins de mon roi, de mes princes, de ma mère, je versais des larmes amères sur le sort de cette malheureuse patrie, victime de l'ambition et de la cupidité de quelques hommes : j'éprouvais de vifs regrets en quittant des camarades dont plusieurs étaient et méritaient d'être mes amis ; et enfin, comme on le verra plus loin, le jour où j'ai pu remettre le pied sur le sol de la France, a été le plus beau de ma vie, quoique mon sort dût y être certainement moins agréable qu'il ne l'était en Espagne, où tout s'était réuni pour me rendre heureux, si on pouvait l'être loin de sa patrie.

me permettait de jouir entièrement du majestueux lever et du brillant coucher du soleil : ces belles scènes étaient bien au-dessus de celles que j'avais observées sur terre. Un orage, une tempête, étaient pour moi de nouvelles jouissances : amarré à la galerie de la chambre de l'amiral, j'observais, non-seulement sans crainte, mais avec volupté, les effets successifs de ces scènes sublimes; j'exécutais ensuite tout ce que j'avais observé. Enfin je finis par peindre une quantité de tableaux maritimes, qui méritèrent la bienveillante approbation des marins, de l'amiral, dont j'avais représenté la vie militaire, et de *S. M. C. Charles IV*, qui daigna placer mes ouvrages dans son cabinet, et m'accorder un grade honorable dans ses armées.

Appelé de la manière la plus gracieuse, à la cour de ce bon et généreux monarque, j'éprouvai, outre le bonheur de jouir de l'auguste présence d'un prince d'une famille chère à mon cœur, le plaisir de me retrouver au milieu des chefs-d'œuvre des arts, que j'avais perdus de vue depuis plusieurs années.

J'eus alors occasion d'observer que les arts étaient en Espagne plus cultivés et plus en honneur qu'on ne le pense généralement en France; que si effectivement à cette époque il y avait dans ce royaume moins d'artistes célèbres que chez nous, cela dépendait de bien des causes; mais que la cause la plus simple et la plus naturelle est que chaque nation a ses périodes de gloire dans ce genre comme dans tout autre; qu'au reste les Espagnols ont sur nous l'avantage de la priorité; qu'à une époque où les arts nous étaient inconnus, ils les avaient portés à un degré de perfection extraordinaire; que dans les seizième, dix-septième, même le dix-huitième siècle, le nombre des artistes espagnols du plus grand mérite a été considérable, et que cependant nous n'en connaissons presque point d'autres que *Velasquez*, *Ribera et Murillos*: encore avons-nous eu l'injustice de contester aux Espagnols l'origine du second, et n'avons-nous rendu une complète justice au troisième, que depuis que nous avons eu sous les yeux quelques-uns des ouvrages de sa belle manière, mais cependant bien inférieurs encore aux belles compositions de ce grand artiste, que j'ai admirées dans l'église de la Charité à Séville *.

---

* Je dois ici exprimer le regret d'avoir vu s'éloigner de Paris des tableaux qui pouvaient nous donner une idée plus convenable de ce grand artiste, que ceux que nous possédions jusqu'à ce jour : il est bien fâcheux que les circonstances n'aient pas permis de proposer un arrangement ou un échange qui eussent pu nous les conserver; chaque nation y eût gagné.

Peut-être le vœu que j'exprimai sur cela au moment de l'enlèvement de ces tableaux, pourra-t-il un jour se réaliser. Je le désire vivement dans les intérêts de la France ma patrie, et dans ceux de l'Espagne, long-temps ma patrie adoptive, et à laquelle j'ai voué une éternelle reconnaissance: dans les intérêts de la France, parce qu'il lui sera utile de posséder des chefs-d'œuvre faits pour servir de modèles, surtout pour l'imitation parfaite de la nature, et pour l'harmonie des couleurs; dans les intérêts de l'Espagne, parce qu'il ne pourra qu'être glorieux pour elle de nous donner une idée convenable des grands artistes auxquels elle s'honore d'avoir donné le jour, et que d'ail-

J'admirai donc à Madrid, et dans les maisons royales, les chefs-d'œuvre des Espagnols ; et c'est encore à eux, c'est à un artiste trop peu connu, ou trop peu apprécié en France (l'habile, le savant *Raphaël Mengs*), c'est à l'entretien d'artistes, d'amateurs qui l'avaient connu, c'est à ses ouvrages et à ceux de son digne ami *Win-*

---

leurs elle pourrait recevoir en échange des tableaux présentant d'autres genres de beauté, particulièrement la grâce et la magie pittoresque, caractère spécial de plusieurs de nos peintres du siècle dernier.

Si au reste les Espagnols nous ont devancés dans l'art de la peinture, ils ont été en retard dans l'art de la multiplier par les estampes : c'est à ce retard que l'on doit attribuer l'injustice des auteurs français qui ont parlé des peintres espagnols. Charles III et Charles IV ont bien encouragé l'art de la gravure. Les résultats de leurs efforts ont été brillans, trop brillans peut-être ; parce que le plan d'après lequel on a exécuté les gravures qui reproduisent les tableaux précieux ornant les palais et les temples de l'Espagne, est sur une échelle si étendue que, vu l'élévation du prix, peu de personnes sont à même de se procurer cette précieuse collection.

Il est à désirer que des hommes aimant les arts et la gloire de leur pays fassent en Espagne, comme on l'a fait en France, des entreprises calchographiques par souscription, à des prix modérés et à la portée des artistes et des amateurs peu fortunés. Il est en même temps à désirer qu'on évite en Espagne les abus qui se sont introduits chez nous dans ce genre de spéculations, dans lesquelles l'intérêt des entrepreneurs a eu quelquefois plus d'influence que l'intérêt des arts et des abonnés. Des entreprises de ce genre devraient toujours être autorisées et surveillées par l'autorité, c'est-à-dire par des hommes désintéressés,

*kelman*, que j'ai dû le bonheur de pouvoir apprécier et sentir les beautés de l'antique, celles de *Raphaël*, du *Corrége*, du *Titien*, et des autres grands maîtres de l'école moderne.

Dès-lors, considérant presque les études que j'avais faites sur la marine comme non avenues, je ne m'en

---

aimant et connaissant les arts. L'exécution en devrait être confiée à d'habiles dessinateurs capables de discerner le mérite des différens maîtres, ayant soin de s'attacher à rendre avec l'exactitude la plus soigneuse le genre de beauté qui caractérise chaque artiste et chaque tableau : car tel tableau d'un grand dessinateur, faible d'ailleurs sur le coloris et le clair-obscur, sera convenablement exprimé par un simple trait fait avec soin et intelligence, tandis que ce trait ne donnera qu'une idée fausse et imparfaite d'un tableau dont le clair-obscur et le coloris sont le principal ou le seul mérite. Il en est de même de certains tableaux dont le plus grand mérite est le fini des détails. On doit donc regarder comme ridicule l'annonce d'une souscription pour des gravures au simple trait, destinée à donner l'idée d'une galerie de tableaux, à moins qu'on ne joigne à l'annonce, qu'on ne s'occupera que des tableaux distingués par le mérite du dessin et de la composition; encore, dans ce cas, devrait-on indiquer par des touches savantes et spirituelles, les contours internes, ceux que le clair-obscur fait ressortir et reconnaître dans le tableau. Je le demande enfin : un tableau de *Rembrant* ou de *Gérard Dow* seront-ils rendus convenablement; aura-t-on une idée du mérite de ces peintres par un simple trait, si bien dessiné qu'il soit ? et un dessin dont les contours seraient mal ou imparfaitement exprimés, donnera-t-il une idée de Raphaël, quelque bien exécutées que soient les masses du clair-obscur ? On y reconnaîtra bien le génie de la composition de ce savant peintre; mais on ne pourra y reconnaître ce

occupais plus que pour payer à mon bienfaiteur, l'amiral Gravina, la dette de la reconnaissance. J'éprouvais toujours cependant un vrai plaisir à peindre les grands effets de la nature; mais j'étais désolé quand il fallait en venir à tracer minutieusement les manœuvres d'un vaisseau, et quelquefois d'une nombreuse escadre. Je

en quoi il a le plus excellé, le dessin et l'expression. Je finis donc en concluant que, dans une souscription pour graver une collection de tableaux, on ne peut et on ne doit point adopter de manière exclusive pour l'exécution, qui doit être subordonnée au genre de mérite particulier à chacun des tableaux composant la collection. Dans une entreprise de ce genre, on doit donc choisir et les dessinateurs et les graveurs dont les talens sont appropriés au genre des différens tableaux dont on voudra donner une idée aussi exacte que peut le faire la gravure.

Au reste, ce que j'ai dit de la peinture en Espagne, peut s'appliquer à l'architecture. Les Espagnols avaient déjà de très-beaux édifices où l'on pouvait reconnaître le plus grand goût et la pratique la plus exacte des belles règles et proportions de cet art, quand il était encore chez nous dans son enfance. Il est vrai que les Espagnols avaient eu pour maîtres les Arabes, qui dans les plus petites villes ont laissé des traces de leur goût et de leur génie. Il est en Espagne telle ville du second et même du troisième ordre, dont les places sont ornées de fontaines qui feraient honneur aux premières capitales.

Depuis cette époque reculée, l'art de l'architecture a fait, comme tous les autres, en France, d'immenses progrès, grâce à la munificence de nos rois, à leur amour pour les beaux-arts, et au caractère de la nation, dont le génie actif tend toujours à s'élever, et dont le goût, depuis un siècle, est le directeur de celui des autres nations.

ne m'en dédommageais qu'en courant à l'académie étudier, d'après l'antique, des contours plus variés et des lignes ples gracieuses que les cordages des vaisseaux. Il était d'ailleurs écrit que, quoique courant avec ardeur après la peinture, je ne pourrais jamais jouir de ses faveurs qu'à la dérobée.

Arrivé à Cadix, où était le régiment auquel je fus agrégé, je me trouvai éloigné de mon généreux protecteur : ne voulant plus abuser de ses bontés, je l'avais supplié d'interrompre ses bienfaits, lui assurant que mes appointemens suffiraient à mon existence. Mais dans une ville enrichie par un grand commerce et par l'arrivée périodique des trésors du Nouveau Monde, je m'aperçus promptement qu'à moins de me confiner dans une caserne, je ne pourrais me soutenir avec mes seuls appointemens. Dans ce cas il m'eût fallu presque renoncer à la peinture ; le bruit, le mouvement d'une caserne, la compagnie habituelle d'officiers peu amateurs des arts, n'étaient pas très-favorables à cette étude. Je pris donc deux partis, celui de loger en ville et celui de pourvoir, au moyen de mon art, à la dépense que cela devait m'occasioner.

Mon colonel (le bon marquis de Gualengo), considérant l'éloignement de ma famille et l'impossibilité d'en recevoir des secours, considérant en outre qu'un officier est plus estimable de gagner de l'argent d'une manière honorable sans sortir de son cabinet, que d'aller en perdre ou en gagner, et quelquefois faire pis dans un tripot, cet excellent colonel, dis-je, eut le bon esprit et la bonté d'applaudir à ma détermination.

Me voilà donc, pour la première fois de ma vie, occupé de la peinture pour soutenir ma cuisine. Jusqu'alors, c'est-à-dire, depuis plusieurs années, je n'avais eu d'autre table que celle de *l'amiral Gravina*, lequel avait, en outre, avec une prévoyance et une délicatesse sans exemple, fourni à tous mes autres besoins. Une mort glorieuse et prématurée l'a enlevé à sa nation dont il faisait l'honneur et l'ornement, et à l'expression directe de ma reconnaissance : je ne puis, hélas ! payer qu'à sa mémoire ce trop faible tribut de ma vénération.

Il s'agissait donc alors de faire ressource de mon art. De tous les genres à adopter, dans une ville de commerce, et où la galanterie est assez à la mode, le seul convenable était le portrait et surtout la miniature. J'avais bien autrefois eu l'avantage de connaître, à Paris, MM. *Augustin* et *Isabey* : ces deux habiles artistes avaient bien voulu me mettre à même d'apercevoir l'excellence de leurs méthodes; mais je n'avais eu que le temps de les entrevoir ; les événemens subséquens et d'autres genres d'étude me les avaient presque fait oublier.

Cependant, sans me décourager, j'entrepris de m'y remettre, et en peu de temps je parvins à obtenir des suffrages, et par conséquent je remplis mon but au-delà de mes espérances. Je serais au reste un ingrat, si je ne disais ici que c'est à un artiste allemand ( M. *Kelt*, nommé ensuite avec droit et justice peintre de S. M. C. ), que je dus les progrès que je faisais dans ce genre de peinture. S'il existe encore, puisse cet hommage de ma reconnaissance et de ma constante amitié lui être agréable!

D'un autre côté, je dois dire avec franchise et humilité qu'il n'y avait pas un très-grand mérite de briller à Cadix : le rang que j'y occupais comme artiste n'était appuyé que sur la faiblesse de mes concurrens; car, suivant un proverbe vulgaire, *dans le royaume des aveugles les borgnes sont les rois.* Ce proverbe n'est, au reste, applicable qu'à Cadix; dans d'autres villes, surtout à Madrid, il y avait des artistes d'un grand mérite, auxquels je ne me permettrais pas de me comparer.

Je n'attachais d'ailleurs d'autre importance à ce genre de peinture que dans son résultat, celui de remédier aux coups de la fortune. Si je considérais la miniature comme ma nourrice, je regardais toujours la peinture comme ma maîtresse, et je ne négligeais aucune occasion de lui faire ma cour : *Mengs*, *Winkelman* et l'antique étaient mes guides, ainsi que *Léonard de Vinci* et le sublime *Poussin*. Ce grand artiste est un de ceux qu'on peut étudier sans avoir ses tableaux sous les yeux; l'ordonnance, la composition, le dessin, l'expression même, peuvent être rendus au moyen de la gravure. Par suite des premières impressions de mon enfance, j'avais une prédilection pour les tableaux où cet habile homme a su réunir dans un même cadre ce que la nature humaine présente de plus noble et de plus élevé, avec ce que l'ensemble de la nature présente de plus sublime.

Les paysages du *Poussin* étaient donc l'objet de mes

études et de mes réflexions : je m'y livrais autant qu'il m'était possible ; mais le temps et les occasions d'en faire l'application me manquaient.

D'une part, la reconnaissance me forçait de peindre des tableaux de marine pour mon cher bienfaiteur ; ce sentiment, doux pour mon cœur sensible, adoucissait le dégoût que me faisait éprouver ce genre, lequel naturellement ne me plaisait pas.

D'autre part, ma position me forçait à peindre la miniature, encore malgré moi. On sait que ce genre est subordonné au caprice des modes et modistes ; on y est peu le maître de suivre, pour l'exécution, sa propre volonté : pour réussir, il faut presque toujours régler son goût sur les idées souvent bizarres de celui qui paie. Ce n'était donc qu'à la dérobée que je revenais à mon étude favorite, au *Poussin*, à l'antique, c'est-à-dire au genre noble et élevé, à l'étude de la belle nature.

On voyait à Cadix, peut-être pour la première fois, un homme en uniforme d'officier, tantôt, avec des jeunes gens de tous âges et de tous rangs, suivre avec exactitude l'étude de l'académie ; tantôt, dans un amphithéâtre de chirurgie, placé parmi les élèves qui étudiaient l'anatomie. Je dois rendre cette justice aux Espagnols : c'est que, loin de perdre pour cela de leur considération, elle s'augmentait en raison de mon application à des études en apparence étrangères à un officier ; mes chefs les plus élevés, le capitaine général, le gouverneur, mon colonel, me comblaient d'égards et de bontés : je ne les oublierai jamais, et je me permettrai d'ajouter que j'ai complétement éprouvé jusqu'à ce jour la vérité de ce vieux proverbe : *personne n'est prophète dans son pays.* Je désire bien à la fin le faire mentir ; et si dans ma patrie on rend justice à mes intentions, à mes sentimens, je me contenterai de cette faveur.

Au milieu des jouissances que me procuraient ces études, et de tout ce que peut présenter d'agréable le séjour d'une ville où j'avais trouvé réunis, pour mon bonheur, la considération, les plaisirs, la fortune, je n'étais point complétement heureux. Le souvenir d'une patrie que je considérais comme plus malheureuse que coupable ( je ne l'ai jamais accusée des crimes de quelques hommes), contribuait à affaiblir toutes mes jouissances. Quoique prévoyant que sous bien des rapports mon sort serait bien moins brillant en France, je soupirais ardemment après l'instant où je pourrais la revoir.

Les nuages qui avaient trop long-temps couvert ma chère patrie d'un voile funèbre, paraissaient d'ailleurs se dissiper ; un nouvel horizon semblait se déployer pour elle avec éclat. Un homme extraordinaire se présentait sous les plus brillantes apparences, enveloppé de l'auréole de la victoire, couvert du masque des vertus, affectant la modération, la générosité, la simplicité, profitant d'ailleurs avec habileté des circonstances, et de l'effet que devait produire sur une nation vive et sensible l'opposition de ces vertus avec les excès des gouvernemens qui l'avaient précédé ; cet homme, dis-je, favorisé par tant de moyens, paraissait alors disposé à les employer pour le bonheur de la France. Manifestant extérieurement l'intention de rétablir la morale sur sa base, la religion, dont il paraissait vouloir relever les autels, il laissait aussi, à dessein, courir le bruit qu'il ne voulait s'emparer du pouvoir suprême, que pour le remettre en temps plus opportun dans les mains des augustes héritiers du trône légitime. Ce qui me confirmait comme tant d'autres dans cette idée flatteuse, était la facilité avec laquelle il accordait à ceux que la révolution avait éloignés de leur patrie, les moyens de rentrer dans son sein.

Bercé par ces apparences flatteuses, et par l'idée du bonheur de revoir ma famille, je me déterminai donc à quitter ma patrie adoptive. Sa Majesté Catholique daigna m'accorder un congé de deux ans, et mettre le comble à ses bontés pour moi, en me laissant, par grâce extraordinaire, la jouissance entière de mes appointemens.

En sortant de cette terre hospitalière, les yeux baignés par des larmes d'attendrissement et de reconnaissance, je ne pensais pas, hélas! qu'une nation qui, sous tous les rapports, devait toujours rester notre alliée et notre amie, serait, quelques années plus tard, livrée au fer homicide de celui que je regardais alors comme le génie tutélaire de ma patrie, et qui devait en être le tyran et le bourreau!

Je ne m'attendais pas, dis-je, à verser un jour des larmes de pitié sur le sort de ce beau pays, et à ne pouvoir payer aux Espagnols la dette de la reconnaissance, qu'en adoucissant les fers qui leur seraient imposés par des Français!

Si quelques-uns de ceux qui, dans cette triste situation, ont reçu de moi quelque consolation, lisent par hasard cet écrit, ils y verront que leur éternel ami ne les a point oubliés. Il a trop peu fait pour eux, sans doute, suivant son cœur et le devoir que lui imposait la reconnaissance; mais il a fait tout ce que sa fortune et sa position politique lui permettaient de faire*.

---

* Non-seulement une police inquiète surveillait de très-près les héros de Sarragosse, mais encore elle s'étendait à ceux qui, émus de compassion sur le sort de ces braves, cherchaient à l'adoucir, et avaient avec eux quelques relations. Cependant, comme ce que leur donnait le gouvernement d'alors, suffisait à peine à leur existence, on leur permettait quelquefois d'aller travailler dans les campagnes. Je pris ce prétexte pour en attirer beaucoup chez moi; et je vis alors, avec une douloureuse admiration, plusieurs de ces héros, dont les mains n'étaient point faites pour de pénibles travaux, les préférer cependant aux grades et aux honneurs que leur faisait offrir l'oppresseur de leur patrie!... Ils avaient juré de lui être fidèles, ainsi qu'à leur roi!... Je trouvai parmi eux, sous l'habit de simple soldat, des jeunes gens de familles distinguées; on pense bien qu'ils n'avaient pas d'autre table que la mienne, qu'au lieu d'instrumens de travail, je mettais entre leurs mains les livres de ma bibliothéque, dans laquelle je remarquai avec admiration qu'ils choisissaient de préférence les livres de philosophie stoïque (Sénèque et Épictète étaient leurs livres favoris), et qu'enfin je me faisais un devoir d'exercer envers eux l'hospitalité, dont leurs concitoyens m'avaient naguère si bien appris à connaître les lois. Je suis resté, sans doute, bien loin de mes

Entraîné par ma sensibilité, j'oublie moi-même le but de mon voyage, et je m'aperçois que j'abuse de la patience de mes lecteurs. Je m'empresse donc de me remettre en route pour la France.

Mon premier soin, à mon retour, dut être de recueillir les débris de ma fortune ; bientôt après, m'étant marié, je me trouvai livré à des soins et à des occupations étrangères aux arts. Je devins père : d'autres soins, d'autres obligations contribuèrent à me distraire de mon étude favorite. J'étais d'ailleurs éloigné de la capitale, par conséquent des grands maîtres, des grands modèles, et surtout de ce centre d'émulation qu'on ne trouve que là où les arts sont encouragés et appréciés. Mille fois je formai le projet de venir y ranimer un feu presque éteint, et toujours les soins domestiques, les obligations de père de famille, mille obstacles enfin, me forcèrent d'abandonner mes idées favorites.

Je cherchais cependant à m'en dédommager en mettant à profit mes loisirs pour rassembler toutes mes observations sur les arts. Des études, des notes recueillies pendant une vie active et dans des voyages dont j'avais cherché à profiter, enfin une bibliothèque choisie, surtout pour ce qui regarde les beaux-arts, me donnaient les moyens de réunir en un faisceau toutes mes idées et

---

maîtres..... Ils ont revu leur chère patrie, dont ils avaient si bien mérité.... Puissent-ils y avoir retrouvé la récompense due à leur courage et à leurs vertus, et surtout le bonheur et la paix !

celles des grands artistes, d'en faire un choix, et enfin de composer des cahiers sur une méthode de dessin analogue à celle que, d'après mes recherches, je crus avoir été suivie par les artistes grecs, pour parvenir à la perfection dans les arts.

Au reste, j'écrivais alors ces cahiers sans autre but que celui de satisfaire ma curiosité et mon goût pour un art dont j'avais presque abandonné la pratique. Je ne m'en occupais que pour l'exécution des dessins de ces cahiers.

Je ne comptais donc jamais en faire part à personne, et encore moins au public. Il a fallu une série d'événemens aussi extraordinaires que ceux qui me fixent malgré moi, ainsi que ma famille, à Paris, depuis plus de deux ans, pour m'engager à mettre au jour ce qui d'abord était destiné à rester dans la poussière de mon cabinet. Le moment n'était pas d'ailleurs très-favorable pour présenter un plan sur les arts de la paix : à cette époque un plan de campagne eût, sans doute, été plus agréable au gouvernement.

Je mariais aussi, alors, le goût des arts à celui de l'agriculture. J'eus l'occasion de faire l'application de cette espèce de peinture qui serait la plus belle de toutes, si de grands artistes voulaient s'y attacher, et si on voulait les y employer, à un grand tableau. *

---

(*) M. VALENCIENNES, dans l'ouvrage que j'ai cité (avec trop peu d'éloges sans doute), à la fin de cet opuscule, a prouvé jusqu'où on pourrait élever cette espèce de peinture, ou, pour mieux dire, de création si on mettait à même de grands

J'en avais tracé le plan ; il était même ébauché ; je m'occupais de la plantation de plusieurs milliers d'arbres dans un jardin pittoresque d'une soixantaine d'arpens, dont je dirigeais les travaux avec d'autant plus de plaisir, qu'étant un moyen de secourir les malheureux en les occupant utilement, je satisfaisais en même temps mon cœur et mon esprit.

Les événemens de 1814 sont venus m'arracher à ces douces occupations et à mes pénates, m'enlever une grande partie de ma fortune, toutes mes études, et tout ce que j'avais recueilli sur les arts depuis vingt-cinq ans; enfin la santé, et ce qui, pour un amateur des arts, est le plus précieux, la vue.

Je n'ai point parlé de ces pertes ni de ces malheurs

---

artistes de déployer leurs talens dans ce genre qui réunirait alors tout ce que l'art et la nature peuvent présenter de plus magnifique et de plus sublime.

Il est, aux environs et assez près de Paris, une propriété dans laquelle cet art pourrait se déployer avec le plus grand avantage. La nature y a tout préparé. Elle n'attend plus que les efforts de l'art et du génie pour en faire le plus beau jardin qui puisse exister en Europe et même dans le monde. On croit être à cent lieues de Paris : on est en Suisse après un voyage de quelques heures, sans avoir besoin de s'arrêter dans des auberges, sans être obligé de traverser d'âpres et dangereuses montagnes, et on n'y craint pas les avalanches.

Ah! si Louis XIV, si Colbert avaient vu ce site, ou, pour mieux dire, si les architectes d'alors eussent eu, comme plusieurs d'entre ceux de nos jours, des idées générales sur les parties des beaux-arts qui paraissent étrangères à l'architecture ;

pour inspirer la pitié; je puis, je dois au contraire m'en applaudir et m'en glorifier, puisqu'ils m'honorent, étant la conséquence et la suite de mon dévouement à mon roi et à son auguste famille. Le premier qui l'ait proclamé et fait reconnaître en France en 1814, j'ai été assez hueureux pour contribuer, autant qu'il était en mon pouvoir de le faire, au bonheur de ma patrie, en servant la plus belle comme la plus juste des causes, celle de mon Roi légitime.

Si depuis j'ai été, ainsi que ma famille, victime de ce dévouement; si, ce qui m'a été bien plus sensible, quelques personnes l'ont vu avec indifférence; si d'autres plus injustes encore l'ont déprécié, mon courage

---

mais dont elle peut et doit tirer un grand avantage ; si, dis-je, un Mansard et un Lenostre, inspirés par le génie de la peinture, et par les paysages sublimes du Poussin, eussent indiqué à la munificence de ce grand roi et de ce grand ministre ce site magnifique, pour y employer la centième partie de ce qu'ont coûté d'autres maisons royales, les jardins d'Armide existeraient autre part que dans un poëme; on les verrait avec d'autres yeux qu'avec ceux de l'imagination !.....

Mais, moi-même, je me laisse emporter par la mienne; j'oublie que dans ce moment, hélas ! on ne peut mettre à exécution le beau rêve que je viens de faire.... Cependant, peut-être pourrait-on ?.... au moins je crois..... mais je me tais..... Un peu plus tard, au moins je l'espère, il me sera peut-être permis de m'expliquer plus clairement .... Combien je serais heureux si j'en recevais l'ordre, et surtout si..... si mon rêve se réalisait !......

n'en a point été abattu. Je dois dire qu'il a été soutenu par la justice que des personnes distinguées et à l'estime desquelles j'attache le plus grand prix, ont daigné rendre à mes sentimens et à mes actions *.

---

* La discrétion est seule capable d'arrêter le mouvement de mon cœur, en m'empêchant de citer ici les noms de ces généreux protecteurs. Si leur bienveillance n'a pas produit tout l'effet que je devais en attendre, je dois m'en prendre au malheur des temps où nous sommes, à l'affluence des solliciteurs, peut-être aussi à moi-même, qui suis, quand j'en trouve l'occasion, un bon, ou au moins un zélé serviteur, mais un mauvais solliciteur, enfin à l'accident affreux que j'ai éprouvé en 1814, lequel m'a mis, pendant fort long-temps, hors d'état de faire aucunes démarches, et m'a forcé de négliger les personnes qui me voulaient le plus de bien.

Malgré cet accident qui, en attaquant ma santé et surtout ma vue, a détruit mon avenir comme militaire et comme artiste; malgré, dis-je, tous mes malheurs, dont le moindre, comme père de famille, n'est pas l'altération de ma fortune, j'ai eu le courage de composer cet opuscule, et j'aurai celui d'employer le reste de mes facultés physiques et morales, pour remplir les devoirs de sujet, de citoyen et de père, et pour me rendre digne de la protection des personnes qui m'ont honoré de leurs bontés. Je les prie d'ailleurs de croire que, quel qu'en soit le résultat, leurs noms seront toujours gravés dans mon cœur. Il en est un surtout qui ne pourra jamais être effacé de ma mémoire ni de celle de mes enfans.

Ceux au reste qui croiraient que j'en ai imposé en avançant que je suis le premier qui, en 1814, aie proclamé et fait reconnaître Sa Majesté Louis XVIII en France, pourront se convaincre

Leur bienveillance a donc contribué à entretenir dans mon âme l'espoir d'un avenir plus heureux. Cet espoir est d'ailleurs fondé sur la justice et la bonté inhérentes au caractère des augustes descendans du grand Henri.

La manière distinguée avec laquelle le meilleur des Rois vient de témoigner sa satisfaction royale à la ville qui a été le théâtre de mon zèle, en daignant lui accorder un titre honorable pour perpétuer le souvenir du dévouement de ses habitans à son auguste dynastie, m'est un sûr garant de ce que je puis attendre de sa bonté.

Je ne chercherai point à en abuser, dans un moment où son cœur paternel souffre de ne pouvoir, suivant ses désirs, venir au secours de tous ses sujets malheureux, et récompenser ceux qui, par leur dévouement, leurs services et leurs malheurs, ont quelques droits à sa bienveillance; mais je crois pouvoir dès à présent, dire sans indiscrétion, que le jour où, en fixant mon sort futur et celui de mes enfans, on daignera me

---

de la vérité en consultant le Moniteur du 25 juillet 1816, article Paris. Les services que j'ai eu le bonheur de rendre à cette époque à la cause de mon roi et de ma patrie, sont d'ailleus constatés par les attestations authentiques des généraux alliés, insérées parmi les titres de ma famille dans le 2e. volume du Nobiliaire de France, par M. de Saint-Allais, qui a été imprimé en 1814. M. le comte de Wittgenstein, particulièrement, a eu la bonté d'y attester que, *par les services que j'avais rendus à la bonne cause, je méritais la reconnaissance de la patrie.*

mettre à même de me rendre utile à mon Roi et à mon Pays, sera le plus beau jour de ma vie.

Tel a toujours été le but de toutes mes actions, tel est aussi celui de cet opuscule.

FIN.

Note supplémentaire.

J'ai, dans cet ouvrage, parlé du genre monumental ou funéraire. Au moment même où je signalais les abus qui se sont introduits dans ce genre abandonné, depuis la révolution, aux tailleurs de pierres et aux maçons, un administrateur dévoué et zélé pour tout ce qui intéresse la morale, les sciences, les arts, et par conséquent la gloire nationale, M. le comte de Chabrol, préfet du département de la Seine, remédiait à ces abus par un arrêté dont on ressentira tous les bons effets, et qui ne pourra que tourner à l'avantage et à l'honneur des arts.

Si, d'après d'aussi sages dispositions, il m'était permis d'émettre un vœu, ce serait de voir proposer un concours pour la confection d'une *enceinte funéraire*, à laquelle les savans seraient appelés à donner un nom, ceux de *Panthéon* ni de *cimetière* ne pouvant convenir.

Cette enceinte, d'après les idées que je m'en suis formées, ne coûterait rien au trésor de l'état, et serait cependant le plus beau monument qui existât en Europe et même dans le monde. Consacré par la religion, par la morale et par cette vertu qui chez tous les peuples est considérée comme la plus belle et la plus noble de toutes, *la reconnaissance et le respect pour la mémoire des morts, et surtout des morts illustres*; ce monument donnerait au monde l'idée la plus élevée du caractère de la nation française.

Si je reçois des ordres sur cela, je me ferai un plaisir et un devoir d'expliquer mes idées sur ce grand objet, par un plan que je ne me hasarderais d'ailleurs à présenter que comme une esquisse ou une première idée, laquelle devrait être modifiée et perfectionnée par les savans et habiles architectes que la France se glorifie de posséder dans ce moment.

# TABLE ANALYTIQUE
# DES MATIÈRES.

| Articles. | | Pages. |
|---|---|---|
| 1 | Préambule. | 1 |
| 2 | Exposé des raisons qui m'ont engagé à reporter à la fin de l'ouvrage le *récit de ma vie pittoresque*. | 2 |
| 3 | Conclusion de ce précis pour les arts et les sciences qui empruntent le secours du dessin. | 4 |
| 4 | Utilité générale de l'étude du dessin, en donnant à cette étude un sens et une direction plus étendue. | 6 |
| 5 | Inconvéniens et inutilité presque générale de l'étude du dessin, en suivant la méthode actuelle. | *ib.* |
| 6 | But que doit avoir, en général, l'étude du dessin pour les classes élevées de la société. | 8 |
| 7 | But de l'étude du dessin pour les classes inférieures de la société. | 9 |
| 8 | Inconvéniens de la méthode actuelle pour les classes inférieures de la société. | 10 |
| 9 | Autres inconvéniens très-importans sous les rapports politiques et sociaux. | *ib.* |
| 10 | Considérations générales sur les beaux-arts. Perfection morale. | 11 |
| 11 | Dieu, seul type de la perfection morale. | *ib.* |
| 12 | Perfection physique. | *ib.* |
| 13 | Elle ne peut être que relative. | *ib.* |

| Articles | | Pages |
|---|---|---|
| 14 | Fausses idées sur les moyens de découvrir la perfection physique. | 12 |
| 15 | Erreur des auteurs qui ont parlé de Zeuxis. | ib. |
| | Note *. Réflexions sur l'histoire de Zeuxis. | ib. |
| 16 | Ouvrages des Grecs, types de la perfection physique et relative. | 13 |
| 17 | Peinture des Grecs, appréciée d'après la sculpture antique. | 14 |
| 18 | Vestiges de peintures anciennes, mais non antiques, découvertes par les modernes. | 14 |
| 19 | Le dessin, base générale de la peinture, de la sculpture et de l'architecture. | 15 |
| 20 | Quelle était la méthode des Grecs pour l'étude du dessin? Problème à résoudre. | ib. |
| 21 | Solution de ce problème, objet de mes études pendant plusieurs années. | 16 |
| 22 | Avantages des Grecs sur les modernes pour l'étude des beaux-arts. | 17 |
| 23 | Compensation en faveur des modernes. | 18 |
| | Note *. Réflexions sur le titre de siècle des lumières, attribué à l'époque actuelle. | ib. |
| 24 | Religion des Grecs considérée sous le rapport des arts. | 20 |
| 25 | Religion chrétienne envisagée sous le même point de vue. | 21 |
| 26 | Avantages de cette religion, même dans ses rapports avec les arts. | ib. |
| | Note *. Erreur des artistes modernes qui ont cherché à représenter matériellement la divinité, suivant l'idée que notre religion nous donne de Dieu le Père. | ib. |
| 27 | Intérêt qu'ont les beaux-arts et les artistes au rétablissement et à l'éclat de notre religion. | 23 |

| Articles. | | Pages. |
|---|---|---|
| 28 | Ressources que les artistes modernes peuvent trouver dans la mythologie des Grecs pour marcher sur leurs traces. | ib. |
| 29 | Genre monumental ou funéraire, présenté comme moyen de rétablir la morale publique, et comme une grande ressource pour les beaux-arts. | ib. |
| 30 | Conclusion en faveur des artistes modernes sous le rapport de la religion. | 25 |
| 31 | Avantages des Grecs sur les modernes du côté des exercices gymnastiques. | ib. |
| 32 | Efforts de quelques modernes pour introduire dans l'éducation l'usage des exercices gymnastiques. | 26 |
| 33 | Méthode d'éducation de M. Pestalozzi, pratiquée à l'institut d'Yverdun en Suisse. | 27 |
| | Note *. Avantages de la méthode de Pestalozzi, reconnus par les expériences faites à Madrid, et prouvés par le mémoire de M. Amoros. — Analogie entre ma méthode et celle de Pestalozzi. | ib. |
| 34 | Espérances que doit faire concevoir pour le perfectionnement de l'éducation, le retour de notre roi LOUIS-LE-DÉSIRÉ. | 29 |
| | Note. * Manière distinguée dont S. M. l'empereur Alexandre a encouragé les efforts et récompensé les talens de M. Pestalozzi. | ib. |
| 35 | Rapports entre la méthode que je propose pour l'étude du dessin, et celle de Lancaster pour l'éducation primaire. | 30 |
| 36 | Exemple de l'Hercule du nord (qu'on a vu à Paris chez M. Olivier), cité à l'appui de l'utilité des exercices gymnastiques. | 31 |
| 37 | L'art de la danse, porté en France au plus haut degré de perfection, peut procurer à nos artistes des avantages sur les Grecs, en leur donnant des | |

| Articles |  | Pages |
|---|---|---|
|  | moyens d'étudier la pondération, et des modèles parfaits de grâce et de souplesse. | 32 |
| 38 | Avantages du climat de la France pour l'étude des beaux-arts. | 33 |
| 39 | Analogie du caractère des Grecs avec celui des Français. Moyens de tirer parti de ce caractère et de le fixer. | 34 |
| 40 | Loi des Grecs interdisant aux esclaves l'étude des beaux-arts. | ib. |
| 41 | Esprit et but de cette loi. | ib. |
| 42 | Application de l'esprit de cette loi aux institutions modernes. | 35 |
| 43 | Idées générales et morales sur la méthode des Grecs pour l'étude du dessin. | ib. |
| 44 | Les modernes ont-ils suivi, dans l'étude du dessin, la même marche que les Grecs. | ib. |
| 45 | Point de vue général sous lequel il est convenable d'envisager l'étude du dessin. | 36 |
| 46 | Combinaison des facultés morales et physiques pour l'étude du dessin. | ib. |
| 47 | Rapports de l'âme avec les sens et la matière. | 37 |
| 48 | L'imagination, ligne de démarcation entre les beaux-arts et les arts mécaniques. | ib. |
| 49 | Ses rapports avec l'âme et avec l'esprit. | ib. |
| 50 | L'esprit est le juge et le modérateur de l'imagination; il doit pour cela être cultivé. | ib. |
| 51 | Esprit juste, bon esprit, jugement. | 38 |
| 52 | Les sens, agens de l'esprit, intermédiaires entre l'âme et la matière. | ib. |
| 53 | Éducation des sens, analogue à leur composition. | ib. |
| 54 | Organes, agens des sens, intermédiaires entre eux et la matière brute. De leurs facultés et de leur éducation. | 39 |

| Articles. | | Pages. |
|---|---|---|
| 55 | Utilité générale de ces raisonnemens pour l'objet traité dans cet ouvrage. | ib. |
| 56 | Les Grecs employaient-ils à l'étude du dessin, 1°. les facultés morales? 2°. les facultés physiques? 3.° ou bien les unes et les autres à la fois? | 40 |
| 57 | Solution de la première question. | 41 |
| 58 | Solution de la seconde question. | ib. |
| 59 | Solution de la troisième question. | 42 |
| 60 | Détails sur la méthode des Grecs. | ib. |
| 61 | Éducation partielle de chaque partie constituant le physique et le moral de l'homme. | ib. |
| 62 | Premier exercice. Éducation de la main; cet exercice était purement matériel ou gymnastique. | ib. |
| 63 | Deuxième exercice, auquel la vue prend part, pour diriger la main. | 43 |
| 64 | Troisième exercice de la main pour lequel la vue commence à avoir besoin du secours de l'esprit. | 44 |
| 65 | Quatrième exercice de la main et de la vue; l'esprit commence à se développer. | ib. |
| 66 | Cinquième exercice, particulier au sens de la vue, et dans lequel l'esprit s'exerce par des combinaisons. Première idée des proportions. | 45 |
| 67 | Importance de ces exercices. | ib. |
| 68 | Si l'élève était hors d'état d'apprécier cette importance, il devait renoncer à l'étude du dessin. | ib. |
| 69 | Sixième exercice, un des plus importans de l'étude du dessin dont il est la base. | 46 |
| 70 | Première idée des figures. | ib. |
| 71 | Première idée des angles et du cercle. | 47 |
| 72 | Division du cercle. | ib. |
| 73 | Noms et valeurs des angles, connus par la division du cercle. | ib. |
| 74 | Résultats du sixième exercice, auquel l'imagination | |

| Articles. | | Pages. |
|---|---|---|
| | de l'élève commençait à prendre part. | 48 |
| | Note. *. Procurer à l'élève le plaisir de faire lui-même des découvertes. Principe fondamental d'une bonne éducation. | ib. |
| 75 | De l'imagination. Définition de ce mot, nécessaire pour les études subséquentes. | 49 |
| 76 | Différence des imaginations. Imagination vive. Imagination vive et réglée. Imagination vive, réglée et brillante. | 50 |
| 77 | Imagination vive, brillante, ardente et réglée. Imagination déréglée. | ib. |
| 78 | L'ordre; objet le plus important pour la classification des images ou des idées. | 51 |
| 79 | Ordre suivi pour l'étude des autres sciences. Inconséquence des modernes, relativement aux beaux-arts et aux artistes. | ib. |
| 80 | Génie. Définition de ce mot. | ib. |
| 81 | L'éducation peut développer le génie, mais non le créer. | 52 |
| 82 | Continuation de la même marche, pour reconnaître et développer le génie des élèves. | ib. |
| 83 | Étude de tous les objets visibles et inanimés, par quatre degrés progressifs. | 53 |
| 84 | Ordre suivi dans l'étude des objets animés, particulièrement du corps humain. | 54 |
| 85 | L'étude fondée sur l'intuition. | 55 |
| | Note *. Définition du mot intuition par M. Chavannes | ib. |
| 86 | Ordre suivi dans l'étude de la charpente osseuse du corps humain. | 56 |
| 87 | Étude de la perspective et de la pondération appliquées à la charpente osseuse. | 57 |
| 88 | Ordre suivi dans l'étude de la myologie. | ib. |

| Articles. | | Pages. |
|---|---|---|
| 89 | Moyens de simplifier et de faciliter cette étude. | 57 |
| 90 | Règles principales de la mécanique, appliquées à l'étude de la myologie. | ib. |
| 91 | Cette étude considérée pour le moment dans son ensemble. | 58 |
| 92 | Le premier modèle à étudier devait être pris dans l'âge viril, comme terme moyen entre l'enfance et la vieillesse. | ib. |
| 93 | Étude des différences existant entre l'homme et la femme. | 59 |
| 94 | Le maître récapitule les moyens des élèves, et congédie ceux qui sont incapables d'aller plus loin. | ib. |
| 95 | Moyens de consoler les élèves congédiés. Leurs études précédentes pouvaient leur rendre de grands services dans les parties secondaires de l'art, et dans plusieurs carrières. | ib. |
| 96 | Application de ces études à l'art de la guerre chez les anciens. | 60 |
| 97 | Application de ces études aux arts secondaires, à différentes sciences, et particulièrement aux arts mécaniques chez les modernes. | ib. |
| 98 | Résultat des études précédentes. | 61 |
| 99 | Suite des études. Étude partielle de la tête humaine. | 62 |
| 100 | Étude de l'ensemble de la tête sous tous les points de vue. | 63 |
| 101 | Étude des détails et ensuite de l'ensemble du corps humain, c'est-à-dire de l'académie. | ib. |
| 102 | Ordre suivi dans cette étude. | ib. |
| 103 | Étude alternative des deux sexes. | ib. |
| 104 | Étude des différences des proportions et des formes dans les différens âges de la vie. | 64 |
| 105 | Étude des passions, une des plus élevées et des plus essentielles de l'art. | ib. |

| Articles. | | Pages. |
|---|---|---|
| 106 | Age auquel l'élève devait s'occuper de l'étude des passions. | 65 |
| | *Note* *. Exemples de l'harmonie des lignes et des formes. Discordance observée dans les restaurs des statues antiques. | ib. |
| 107 | Graduation importante pour l'étude des passions. | 66 |
| 108 | L'Élève grec arrivé au point d'imiter la nature humaine aussi bien qu'il est possible, par le seul moyen de la peinture monochrome. | 67 |
| 109 | L'élève se décide pour la peinture ou la sculpture, et quitte son maître de dessin. | ib. |
| 110 | L'élève qui se destinait à la peinture se plaçait sous la direction d'un grand maître. | ib. |
| 111 | Perspective adaptée à plusieurs objets, sur différens plans d'un tableau. | ib. |
| 112 | Seulement alors, et pour cette étude, on permettait à l'élève l'usage de la règle et du compas. | 68 |
| 113 | Tous les élèves modelaient sûrement, pendant quelque temps, avant de se décider pour l'une ou l'autre partie de l'art. Utilité de cette étude pour les peintres. | ib. |
| 114 | Ordonnance et composition, basées sur les trois unités. | ib. |
| 115 | Unité d'action. | ib. |
| 116 | Unité de lieu et unité de temps. Étude de l'histoire et de la géographie. | 69 |
| | *Note.* Convenances négligées par quelques grands artistes modernes. | ib. |
| 117 | L'élève, parvenu à bien composer un tableau historique, au moyen de la peinture monochrome, étudie les formes convenables aux différens personnages, depuis l'homme ordinaire jusqu'au héros et jusqu'au dieu. | ib. |

| Articles. | | Pages. |
|---|---|---|
| 118 | Moyens de faire cette étude. | 70 |
| 119 | Observations dans les lieux et jeux publics. | ib. |
| 120 | Notes mentales, ou indiquées seulement par des traits et lignes caractéristiques. | 70 |
| 121 | Traits caractéristiques de chaque qualité particulière. | 71 |
| 122 | Difficultés de la combinaison de plusieurs qualités, et surtout de toutes celles qui constituent l'être parfait, ou la beauté dans son acception la plus étendue. | ib. |
| 123 | Définition de la santé. Erreur vulgaire rectifiée. Tempéramens. | 72 |
| 124 | Tempérament mixte dans un égal degré, est le type de la beauté, mais n'est qu'idéal. | 73 |
| 125 | Tempéramens dominans dans chacun des dieux de l'antiquité. Le tempérament mixte parfait ne convient guère qu'à Apollon, le plus beau des dieux. | ib. |
| 126 | Tempéramens analogues aux personnages d'une composition historique. | 74 |
| 127 | L'élève grec étudie le coloris et les règles de l'harmonie. | ib. |
| 128 | Ressources des Grecs pour le coloris, comparées à celles des modernes. | ib. |
| 129 | Les trois couleurs primitives, combinées avec le blanc et le noir, et même sans le noir, pouvaient suffire aux Grecs pour représenter tous les objets visibles. | 75 |
| 130 | Mes doutes sur l'utilité de nos richesses en matériaux propres au coloris. | ib. |
| 131 | Abus de ces richesses. | 76 |
| 132 | Idées générales sur le coloris. | ib. |
| 133 | Analyse et division du mot coloris. | 77 |
| 134 | Différence des belles couleurs à un beau coloris. Différence des coloris. | 77 |

| Articles. | | Pages. |
|---|---|---|
| 135 | Coloris brillant, convenable à très-peu de sujets historiques . . . . . . . . . . . . . . . . . . . . . . . | ib. |
| 136 | Beau coloris, convenable à presque tous les tableaux, hors les sujets tristes. . . . . . . . . . . . . . . | 77 |
| 137 | Bon coloris. Un tableau est d'un bon coloris toutes les fois qu'il produit sur le spectateur l'effet désiré par l'artiste, suivant le sujet représenté. Cas où le coloris peut et doit être éclatant. . . . . . . . . | 78 |
| 138 | Un beau coloris, sans être trop brillant, est le *medium* fruit de la sagesse. . . . . . . . . . . . . . . | ib. |
| 139 | Coloris rompu sur un ton analogue, convient aux sujets tristes. . . . . . . . . . . . . . . . . . . . . | 78 |
| 140 | Analogie entre la peinture et la musique. Coloris doux et suave, convenable aux sujets qui doivent inspirer une douce mélancolie. Harmonie. . . . . | ib. |
| 141 | Sensibilité des Grecs, favorable à l'harmonie, pour la peinture comme pour la musique. . . . . . . . | 79 |
| 142 | Fin des études de l'élève grec, sous la direction de son second maître. . . . . . . . . . . . . . . . . | 80 |
| 143 | Suite de ses études, d'après son génie.. . . . . . . | ib. |
| 144 | Méthode des Grecs pour ces études, différente de celle des modernes. . . . . . . . . . . . . . . . . | ib. |
| 145 | Résultat de toutes les études de l'artiste grec. Ses ouvrages sont couronnés par ses contemporains, et passent, ainsi que son nom, à la postérité, et même à l'immortalité. . . . . . . . . . . . . . . . | ib. |
| 146 | Études de l'élève qui se destinait à la sculpture. Avantages des Grecs sur les modernes, en matériaux propres à la sculpture. . . . . . . . . . . . . . . | 81 |
| 147 | Perspective du sculpteur. . . . . . . . . . . . . . . | ib. |
| 148 | Différence des études du sculpteur et du peintre. . . | 82 |
| 149 | Idées judicieuses des Grecs pour la composition des | |

| Articles. | | Pages. |
|---|---|---|
| | bas-reliefs. | 82 |
| 150 | Les grands artistes grecs ne recevaient que des élèves capables de leur faire honneur. | ib. |
| 151 | Conclusions relativement à l'application de la méthode des Grecs, chez les modernes. | 83 |
| 152 | L'ordre, moyen de faciliter l'adoption de cette méthode. Exemple à l'appui de mon opinion, tiré de l'histoire de Sertorius. | 84 |
| 153 | Exposé du cours d'études du dessin, suivant la méthode proposée. | 85 |
| 154 | Différentes objections contre l'introduction de ma méthode. Réponse à ces objections. | 87 |
| 155 | But de la méthode proposée. | 89 |
| 156 | Effets que doit produire cette méthode | ib. |
| 157 | Mes espérances en faveur de l'adoption du plan que je propose. | 90 |
| 158 | Mes moyens personnels d'exécution de ce plan. | 91 |
| 159 | Moyens d'exécution dépendans de la volonté d'autrui. | 92 |
| 160 | Matériel de l'établissement, pour une école de dessin, suivant la méthode proposée. | ib. |
| 161 | École de dessin de Cadix, proposée comme modèle, quant au matériel, pour former un établissement de ce genre dans une grande capitale. | 93 |
| 162 | Résultats de l'école de dessin de Cadix, peu conformes à la beauté de l'établissement et aux bonnes intentions des fondateurs. | 94 |
| 163 | Motifs de ces résultats. | ib. |
| 164 | Avantages que retirerait une ville comme Paris, et même toute la France, d'un établissement dans le genre de celui de Cadix, étant dirigé par nos premiers artistes. | 95 |
| 165 | Amour des beaux-arts, héréditaire dans l'auguste |  |

| Articles. | | Pages. |
|---|---|---|
| | famille des Bourbons. . . . . . . . . . . . . . . | 96 |
| | Note *. Inconvenance du local accordé par le dernier gouvernement, pour l'étude des beaux-arts. | ib. |
| 166 | Idée du local pour l'établissement, suivant la méthode proposée. . . . . . . . . . . . . . . . . . | 97 |
| 167 | Forme particulière de l'amphithéâtre. . . . . . . | 98 |
| 168 | Motifs de cette forme. . . . . . . . . . . . . . . | ib. |
| 169 | Idée générale de la dépense de l'établissement. Peu considérable la première année, elle pourrait être graduelle à fur et à mesure qu'on éprouverait la bonté de la nouvelle méthode . . . . . . . . . . | 102 |
| 170 | Professorat, suivant la nouvelle méthode. Administration de l'établissement, et formation d'un jury composé de ce que la capitale présenterait de plus distingué pour le rang, la science et les talens. . . | ib. |
| 171 | Emploi et fonctions de ce jury. . . . . . . . . . . | 105 |
| | Note *. Utilité du patronage pour le perfectionnement des beaux-arts. . . . . . . . . . . . . . . | ib. |
| 172 | Manière d'accorder les prix, basée sur l'esprit de la nouvelle méthode. . . . . . . . . . . . . . . . | 106 |
| 173 | *Premier cours du dessin.* — Principes fondamentaux pour ce cours et les suivans. . . . . . . . . . , . . | 108 |
| 174 | *Premier trimestre du premier cours.* — Démonstration et exécution, sans règle ni compas, des lignes et figures géométriques indispensables pour l'étude du dessin. Moyens à employer par le professeur, pour rendre cette étude agréable et profitable aux élèves. Motifs de l'âge auquel les élèves doivent être admis à l'école de dessin, et des connaissances préliminaires exigées d'eux pour leur admission. . | 110 |
| 175 | *Second trimestre du premier cours.* — Étude des proportions et des formes des objets inanimés et utiles à l'homme en société, produits de la nature ou de | |

| | |
|---|---:|
| Articles. | Pages. |

l'industrie humaine. Étude des premiers élémens de l'architecture. Études externes; moyen de les rendre profitables. . . . . . . . . . . . . . . . . 113

176 *Troisième trimestre du premier cours.* — Étude de la beauté des formes, faite d'après l'architecture et les vases antiques. Variété dans les objets d'étude, considérée comme moyen de rendre l'étude des élémens agréable aux élèves. . . . . . . . . . 114

177 *Quatrième trimestre du premier cours.* — Étude des ornemens. Choix de ces ornemens. Retour sur les exercices précédens. Récapitulation de toutes les études du premier cours. Examen de la méthode et des progrès des élèves, par le jury. Distribution des prix. . . . . . . . . . . . . . . . . . . . . . 115

178 *Deuxième cours. Premier trimestre.* — Étude de la perspective, pour un seul objet, sur un seul plan, vu de face, ou d'angle de cinquante degrés. Étude d'après nature et d'après un seul modèle, pour toute la classe, si nombreuse qu'elle soit . . . . . 117

179 *Deuxième trimestre du deuxième cours.* — Mêmes études que celles du trimestre précédent, mais d'après des objets dont les formes seraient plus compliquées. . . . . . . . . . . . . . . . . . . . 119

180 *Troisième trimestre du deuxième cours.* — Étude de la théorie des ombres, démontrée théoriquement, mais étudiée et dessinée d'après nature, sur des modèles conformes aux démonstrations. . *ib.*

181 *Quatrième trimestre du deuxième cours.* — Suite de l'étude précédente, mais compliquée par les formes et par les différentes positions de la lumière. Examen des travaux de l'année, par messieurs du jury. Distribution des prix. L'étude du dessin jusqu'à ce degré, suffisante pour tous les arts méca-

niques. Par conséquent, fin des études du dessin pour ceux qui n'auront pas des dispositions marquées pour les beaux-arts, ou devraient suivre une autre carrière. Motifs de cela, fondés sur la gloire et l'honneur des beaux-arts, et sur la nécessité de remédier à la manie du déplacement, fruit de la révolution, et de maintenir dans les bornes convenables le mouvement contre nature qu'elle a imprimé à tous les esprits. Résultats de la méthode proposée, avantageux pour les arts et même pour l'harmonie sociale. . . . . . . . . . . . 120

182 *Troisième cours. Premier trimestre.* — Étude de la nature mobile et animée, suivie seulement par ceux qui se destinent aux beaux-arts, comme artistes ou comme amateurs. Étude de la charpente osseuse du corps humain. Moyen de faciliter cette étude. . . . . . . . . . . . . . . . . . . . . . . . . 124

183 *Deuxième trimestre du troisième cours.* — Étude des principes généraux de la pondération et de la mécanique, appliqués à la charpente osseuse de l'homme, pour en connaître les mouvemens, et se préparer à l'étude de la myologie . . . . . . . 126

184 *Troisième trimestre du troisième cours.* — Étude des différences dans la charpente osseuse de l'homme et de la femme. Myologie. Ordre à suivre dans cette étude. . . . . . . . . . . . . . . . . . . . . . . . ib.

185 *Quatrième trimestre du troisième cours.* — Étude de la différence dans les formes des muscles de l'homme et de la femme. Age du modèle, pour l'étude de la myologie. Mes motifs pour faire dessiner les élèves d'après nature, plutôt que d'après des dessins ou des statues. Modèles d'anatomie en cire et partiels, pour la démonstration et l'étude

| Articles. | | Pages. |
|---|---|---|
| | des muscles occultes, dont les mouvemens influent sur les formes des muscles supérieurs. Dissertation sur la nécessité de l'introduction du modèle de femme dans les écoles de dessin. Moyen de concilier sur cela ce qu'exigent la décence et les mœurs avec l'utilité et le perfectionnement des beaux-arts. Examen des travaux de l'année. Distribution des prix. Réflexions sur la méthode que l'on suit habituellement pour l'enseignement du dessin. . . | 127 |
| 186 | *Quatrième cours.* — Étude spéciale du dessin, pour les beaux-arts, suivie seulement par ceux qui s'y destinent, soit comme artistes, soit comme amateurs. Connaissances dont le professeur a besoin pour ce cours et pour les suivans. Il serait à désirer que d'habiles artistes voulussent y coopérer. . | 134 |
| 187 | *Premier trimestre du quatrième cours.* — Étude partielle et alternative des principales parties de la tête humaine, faite d'après nature, et complétée au moyen de l'étude de ces parties, d'après les tableaux et les dessins des grands maîtres. Cette dernière étude doit être externe, c'est-à-dire, faite hors des classes, dans les musées, les bibliothèques publiques et les cabinets particuliers. . . . . . . . | 137 |
| 188 | *Deuxième et troisième trimestres du quatrième cours.* — Étude de l'ensemble et des détails de la tête humaine, d'après nature, dans toutes les positions, dans tous les points de vue, et suivant tous les effets produits par les passions. Études externes analogues à celles ci-dessus, et proportionnées au degré d'instruction des élèves, faites d'après les tableaux et les dessins des grands artistes, ainsi que d'après les plus belles statues ou les bustes antiques. . . . . . . . . . . . . . . . . . . . | 141 |

| Articles. | Pages. |

189 *Quatrième trimestre du quatrième cours.* — Étude des différences occasionées dans la tête humaine, par les différens âges de la vie, et les différens états de la société. A cette étude doit se joindre celle du cou et de la partie supérieure du torse. Examen des travaux de l'année. Distribution des prix. On commencerait seulement alors à accorder un prix à la partie mécanique de l'art, c'est-à-dire, à la recherche et au fini des détails. Motifs de ce nouveau prix. . . . . . . . . . . . . . . . 142

190 *Cinquième cours. Premier trimestre.* — Étude des mains et des pieds. Difficultés de l'étude de l'harmonie à établir entre ces parties et des caractères de tête indiqués. Moyens de se perfectionner dans cette étude importante . . . . . . . . . . . . . . 143

191 *Deuxième trimestre du cinquième cours.* — Étude des articulations, l'une des plus essentielles de l'art. Elle ne peut se faire particllement; mais tout en dessinant l'académie, on peut, pendant quelque temps, mettre une attention plus particulière à l'exécution de ces parties. Comparaison des statues antiques d'un caractère analogue à celui proposé, avec le modèle vivant. Grands avantages de cette étude. . . . . . . . . . . . . 145

192 *Troisième trimestre du cinquième cours.* — Étude des formes et des caractères convenables à chaque qualité morale et physique. Marche à suivre dans cette importante étude. Utilité qu'en retireraient même les genres de la peinture au-dessous du genre héroïque. Attention particulière des Grecs pour cette étude, au moyen de laquelle ils sont parvenus à donner à leurs chefs-d'œuvre ce degré de perfection que nous admirons . . . . . 147

| Articles. | | Pages. |
|---|---|---|

193 *Quatrième trimestre du cinquième cours.* — Étude des caractères composés de plusieurs qualités. Marche à suivre pour surmonter, autant que possible, les difficultés de cette étude. Impossibilité de bien démontrer en quoi consiste le caractère de la grâce, laquelle, comme le génie, peut se perfectionner au moyen d'une étude bien dirigée, mais ne peut s'acquérir quand on en est privé par la nature. Récapitulation de toutes les études jusqu'à ce jour. Concours et distribution des prix par le jury. Forme du concours, et mode de distribution pour ces prix. Plusieurs, et même la plus grande partie des élèves devraient redoubler ce cinquième cours. . . . . . . . . . . . . . . . . . . . . . . 151

194 *Sixième et dernier cours.* — Mêmes études que dans le cours précédent, mais en employant des moyens d'exécution différens. Afin de pouvoir apercevoir les dispositions des élèves, et pour qu'eux-mêmes puissent connaître leur goût pour la peinture ou la sculpture, ces élèves s'exerceraient alternativement à la peinture monochrome, à l'huile, et à modeler. Les six derniers mois seraient employés à étudier, par ces moyens, les groupes de deux, et même de trois figures, en choisissant, autant que possible, pour former ces groupes, des modèles d'âge, de sexe et de caractères différens. On pourrait même, sur la fin de l'année, proposer aux élèves des expressions déterminées dans chacune des figures du groupe, qu'on disposerait de manière à pouvoir représenter un sujet historique analogue aux expressions demandées. Différens prix seraient accordés. Un premier prix serait ac-

| Articles. | | Pages. |

cordé pour l'expression la mieux sentie des caractères demandés et des passions motivées par le sujet proposé, c'est-à-dire, pour la partie morale de l'art, si elle était jointe à un degré de perfection convenable dans l'exécution, c'est-à-dire la partie mécanique de l'art. — Fin des études du dessin. . . . . . . . . . . . . . . . . . . . . . . 155

195 Quelques observations sur la destination ultérieure des élèves qui auront suivi les cours du dessin. — Réflexions importantes que doivent faire les élèves avant de se décider pour la peinture ou la sculpture. — Réflexions non moins importantes qui doivent précéder leur choix pour tous les genres de la peinture. — Inconvéniens pour l'artiste et pour les arts, d'un choix indiscret et trop précipité pour un des genres les plus élevés de la peinture, particulièrement pour le genre héroïque. — Abus qui se sont introduits dans les arts depuis la révolution. — Liaison de ces abus avec d'autres d'un autre genre, qui ont contribué et contribuent encore à pervertir la morale publique. Prostitution des arts, prostitution des mots les plus beaux et les plus sacrés, prostitution des hommes et des choses. — La profusion des arts ou leur prostitution est aussi voisine de la barbarie, que la profusion des richesses ou la prodigalité l'est de la ruine pour un état, comme pour les particuliers. — Moyens de remédier à ces abus, et non-seulement de réparer les maux qu'a faits la révolution au corps social, mais encore d'en tirer un parti avantageux pour notre avenir. — Paysage héroïque. Moyens d'élever ce genre sublime au plus haut de-

| | |
|---|---|
| Articles: | Pages. |

gré de perfection possible. — Savant et utile ouvrage d'un artiste moderne qui a marché sur les traces du Poussin, et a ouvert aux artistes une magnifique carrière dont il leur a fort habilement tracé le plan. — Ma profession de foi relativement au contenu de cet ouvrage, que je soumets au jugement des savans et des grands artistes. . . . 159

Précis de ma vie pittoresque. . . . . . . . . . . . . . 171

Hommage à la mémoire du bon, du généreux duc de Penthièvre. . . . . . . . . . . . . . . . . . . . . . . 172

Note importante sur l'état de la peinture, de la gravure et de l'architecture en Espagne. — Justice rendue aux maîtres de cette école. — Mon vœu relativement à leurs tableaux. — Utilité réciproque d'un échange entre la France et l'Espagne, des productions des artistes des deux royaumes. . . . . . . . . . . . . . . . . . . . 181

Hommage de ma reconnaissance, rendu à la bienveillante bonté de Sa Majesté Catholique, et à la généreuse hospitalité qu'ont exercée les Espagnols envers moi, comme envers tous mes concitoyens malheureux et expatriés. . . . . . . . . . . . . . . . . . . . . . . . 190

Note sur les héros de Saragosse, prisonniers en France. — Idée de la grandeur de leur caractère moral. . . . 191

Origine et motifs de cet opuscule. . . . . . . . . . . . 192

Note sur les jardins pittoresques. — Idées élevées de M. Valenciennes sur cet objet, développées dans l'ouvrage déjà cité, page 168. — Mon rêve sur un site aux environs de Paris, et mes idées sur le parti magnifique et sublime qu'on pourrait en tirer; ou, moyen d'aller de Paris en Suisse en deux ou trois heures. — Mes craintes et mes espérances sur la réalisation de ce rêve. . . . . . . . . . . . . . . . . . . . . . . . . . . 193

Événemens désastreux de 1814. — Dommage qu'ils ont causé à ma fortune, à ma santé, à mon bonheur et à celui de ma famille. — Services que j'ai eu le bonheur de rendre, à cette époque, à mon roi et à ma patrie. Motifs de consolation. — Mes espérances. . . . . . . . 194

Note supplémentaire relative au genre monumental ou funéraire, et à un arrêté de M. le préfet du département de la Seine, ayant pour objet de remédier aux abus qui se sont introduits dans ce genre. . . . . . . . . 198

FIN DE LA TABLE.

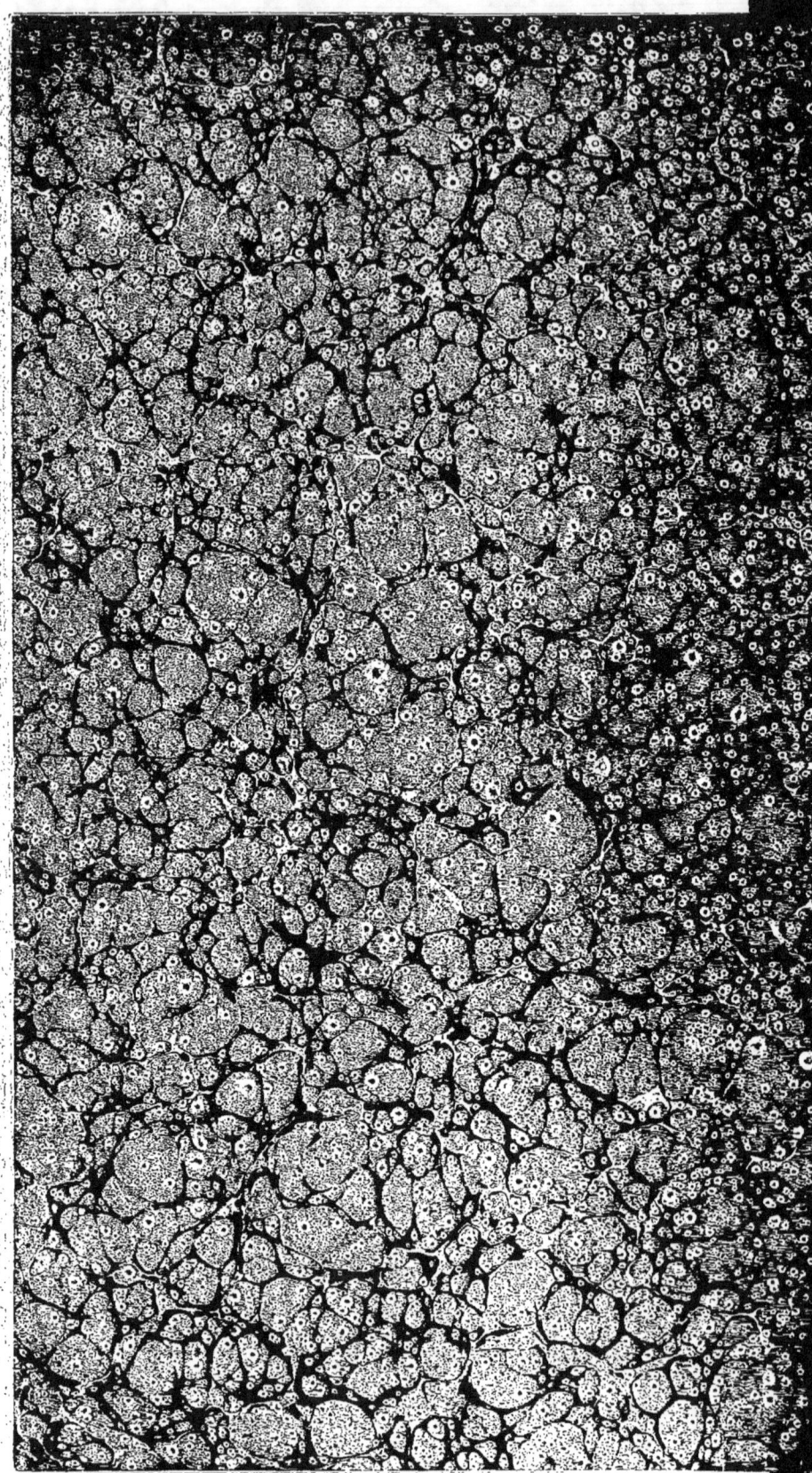

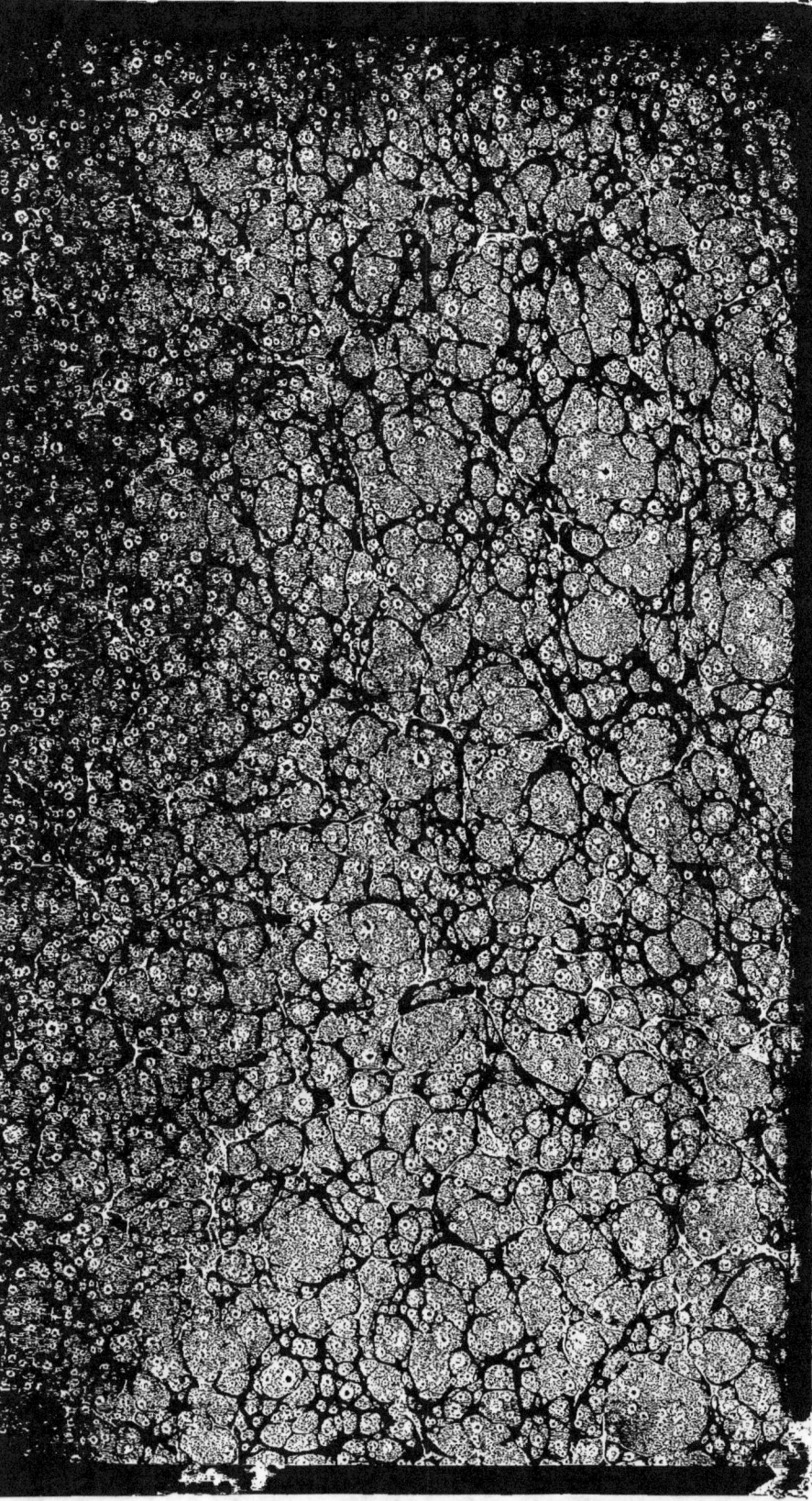

www.ingramcontent.com/pod-product-compliance
Lightning Source LLC
Chambersburg PA
CBHW071157240526
45470CB00016BA/211